ULLA HAHN, aufgewachsen im Rheinland, feiert heute mit ihren Romanen große Erfolge. Ihre schriftstellerische Laufbahn begann jedoch als Lyrikerin. Schon ihr erster Gedichtband, *Herz über Kopf* (1981), wurde hochgelobt und fand viele begeisterte Leserinnen und Leser. Ihr lyrisches Werk wurde u. a. mit dem Leonce-und-Lena-Preis und dem Friedrich-Hölderlin-Preis der Stadt Bad Homburg ausgezeichnet. In *Bildlich gesprochen* legt sie eine Auswahl ihrer bekanntesten und viel zitierten Gedichte vor.

Ulla Hahn in der Presse:

»Ulla Hahn ist eine der erfolgreichsten deutschen Lyrikerinnen.«
Welt am Sonntag

»In den Gedichten Ulla Hahns ist das Gefühl, eher: der Komplex von Gefühlen, aus dem ›Liebe‹ besteht, auf unschuldige und raffinierte Weise Sprache geworden.«
Günter Kunert, DIE ZEIT

»Die Musikalität ihrer Verse, der Charme und der Wohlklang dieser oft saloppen Oden erinnern uns daran, dass Lyrik auch heute schön sein darf und sollte.«
Marcel Reich-Ranicki

Außerdem von Ulla Hahn lieferbar:

Das verborgene Wort. Roman
Aufbruch. Roman
Spiel der Zeit. Roman
Wir werden erwartet. Roman
Unscharfe Bilder. Roman
Liebesarten und andere Geschichten vom Leben. Erzählungen
Gesammelte Gedichte

Ulla Hahn

Bildlich gesprochen

Ausgewählte Gedichte

PENGUIN VERLAG

MIX
Papier aus verantwortungsvollen Quellen
FSC® C014496

Verlagsgruppe Random House FSC® N001967

PENGUIN VERLAG

1. Auflage 2019

Umschlag: Designbüro Lübbeke Naumann Thoben, Köln
Umschlagmotiv: Plainpicture/NaturePL/Erlend Haarberg
Satz: GGP Media GmbH, Pößneck
Druck und Bindung: GGP Media GmbH, Pößneck
Printed in Germany
ISBN 978-3-328-10462-9
www.penguin-verlag.de

Dieses Buch ist auch als E-Book erhältlich.

unter deinem fuß
der weg entsteht im gehen
harter pfad im gras

Inhalt

Für wen schreiben Sie?

Schreiben ist meine Möglichkeit, das Leben zu bestehen. Beizutragen, dass wir diese Welt nicht schlechter zurücklassen, als wir sie vorgefunden haben. Gedichte schreiben: spekulieren, wie der Mensch am Leben bleiben kann. Oder um es mit einer meiner Lieblingsfiguren zu sagen, der Antigone von Sophokles: Nicht mitzuhassen, mitzulieben bin ich da.

Indes: Was auch immer ich schreibe, ist verlorene Liebesmüh – ohne Leserinnen und Leser. In meinem Gedichtband »Unerhörte Nähe« habe ich auf die Frage »Für wen schreiben Sie?« geantwortet: »Für den, der fragt.« Meine Gedichte sind meine (vorläufigen) Antworten auf meine Fragen. In der geformten Sprache wird meine private Erfahrung universell; meine Antwort so persönlich und gleichzeitig so allgemein, dass sich jede(r) darin wiederfinden kann, der ähnlich fragt wie ich. Wer nicht glaubt, im Gedicht etwas zu finden, das ganz persönlich unter die Haut gehen könnte, für den, für die bleibt es ein Buchstabenhaufen. Der reichste Acker, nicht gepflügt, nicht bestellt, verkommt zum Brachland.

Geduld muss die Leserin, der Leser aufbringen und Neugierde auf sich und die Welt. Den gleichen Eifer, die gleiche Energie wie der Schreibende. Nur dann wird das Gedicht ihr/sein Gedicht. Oberstes Gebot dabei: Nicht zu fragen: Was will der Dichter damit sagen? Sondern: Was sagt dieses Gedicht mir? Denn jedes Gedicht vervielfältigt sich in den Köpfen der Leser*innen. Es gibt so viele Gedichte, wie es Leser*innen gibt.

Zu meinem Gedicht »Katzenmahlzeit« (siehe S. 29) erhielt ich einige Leserbriefe. Einen, liebevoll mit Blümchen verziert, schickte ein kleines Mädchen: Meine Tante hat mir Ihr Gedicht abends am Bett vorgelesen. Ich habe nichts verstanden, aber es hat mir gefallen. Ich habe es auswendig gelernt, und jetzt benutze ich es mit meinen Freundinnen auf dem Schulhof als Abzählreim. Eine zweite Zuschrift kam von einem Oberstudienrat. Er warf mir vor, mit diesem Gedicht den italienischen Faschismus zu verherrlichen. Ich stutzte, begriff nichts, dann aber dämmerte es mir: Der Herr Lehrer hatte die letzte Zeile des Gedichts mit »süßer Führer du« übersetzt und dabei wohl an Mussolini gedacht, während mir mit der Vermischung von Essbarem und Vergessbarem eher ein Tiramisu und eine abgeräumte Liebe vorschwebten. Zum Schluss noch die Stimme eines Psychotherapeuten: Er hatte herausgefunden, dass mein Name »Uhahn« in der Mitte aller Wörter des Gedichts steht, was für ihn der untrügliche Beweis war, dass sich in der Dichtung wie im Leben immer alles um das Ego des Autors dreht.

Jede(r) hatte das Gedicht im Kopf zu Ende geschrieben, es sich zu eigen gemacht. Hatte ich an eine dieser Möglichkeiten auch nur im Entferntesten gedacht? Natürlich nicht. Sondern? Nein – ich werde hier nicht die »autorisierte Auslegung« liefern. Auch vor meinem eigenen Gedicht bin ich eine Leserin von vielen; ich kann auf Aspekte hinweisen, etwas zur Entstehung sagen, aber was ich mit dem Gedicht sagen wollte, ist mit dem Gedicht gesagt. Der Leser bleibt also, wie der Autor, auf sich gestellt – und auf sein Vertrauen, das er dem Autor entgegenbringt. Dem Vertrauen des Autors, etwas zu sagen zu haben, entspricht das des Lesers, sich etwas sagen zu lassen. Je aufrichtiger ich mir schreibend selbst begegne, meine Wörter mich in Regionen führen, wo die Berührung schmerzt, desto größer wird für den Leser die Wahrscheinlichkeit, Antworten auf Fragen zu erhalten, die er selbst sucht, aber nicht in Worte fassen kann. Das Glück der Selbsterweiterung oder Selbstvertiefung wird dann beiden zuteil: Autor und Leser.

Das Gedicht ist wie eine Partitur. Musik macht daraus erst der Musikant. Lesen ist wie Musik spielen und hören zu einer Zeit. Lesen Sie laut! Nehmen Sie das Gedicht in den Mund. Öffnen Sie ihm Augen und Ohren, Verstand und Gefühl. Erfahren Sie die Sinnlichkeit des Sprechens, der Sprache; lassen Sie sich auf den Klangkörper Gedicht auch selbst körperlich ein.

Der Dichter setzt das Gedicht in die Welt. Leserinnen und Leser aller Länder und Zeiten halten es lebendig. In der Kunst gibt es keinen Fortschritt. Ein Gedicht von Sappho, nahezu 3000 Jahre alt, rührt mich an wie gestern geschrieben. Weil es von meinen Erfahrungen als Leserin neu erfunden wird.

Einmal gedruckt, gehören Gedichte nicht mehr dem, der sie schrieb. Sie gehören denen, die sie brauchen. Machen Sie meine Gedichte zu den Ihren! Zu wissen, dass dies geschieht, tut fast so gut, wie sie zu schreiben.

Herz über Kopf

1981

Ars poetica

Danke ich brauch keine neuen
Formen ich stehe auf
festen Versesfüßen und alten
Normen Reimen zu Hauf

zu Papier und zu euren
Ohren bring ich was klingen soll
klingt mir das Lied aus den
Poren rinnen die Zeilen voll

und über und drüber und drunter
und drauf und dran und wohlan
und das hat mit ihrem Singen
die Loreley getan.

Anständiges Sonett

Schreib doch mal
ein anständiges Sonett

St. H.

Komm beiß dich fest ich halte nichts
vom Nippen. Dreimal am Anfang küss
mich wo's gut tut. Miss
mich von Mund zu Mund. Mal angesichts

der Augen mir Ringe um
und lass mich springen unter
der Hand in deine. Zeig mir wie's drunter
geht und drüber. Ich schreie ich bin stumm.

Bleib bei mir. Warte. Ich komm wieder
zu mir zu dir dann auch
›ganz wie ein Kehrreim schöner alter Lieder‹.

Verreib die Sonnenkringel auf dem Bauch
mir ein und allemal. Die Lider
halt mir offen. Die Lippen auch.

Gibt es eine weibliche Ästhetik

Ich sehe deine Augen
mit den hängenden
Lidern am Kinn
Fettfalten die Stirn
gefurcht deine
dünnen spitzen
Ohren überm fahlen
Haar die
kahle Stelle
am Hinterkopf ich
denke du bist
von allen Männern
der schönste.

So

Auf der rechten Seite
so liegen dass
die Knie das Kinn
fast berühren. Sich den
Rücken freihalten für einen
nicht zu weichen
schmiegsamen Bauch.
Beine auch die mit meinen
scharf in die Kurve gehn
zwanzigfach Zeh'n
ganz unten. Ums Herz
in der linken Brust eine
Hand die den Schlag spürt
und bleibt im Nacken
ein schlafender Mund Speichelfäden.
Morgens aufwachen.
Immer noch da sein.
So.

Winterlied

Als ich heute von dir ging
fiel der erste Schnee
und es machte sich mein Kopf
einen Reim auf Weh.

Denn es war die Kälte nicht
die die Tränen mir
in die Augen trieb es war
vielmehr Ungereimtes.

Ach da warst du schon zu weit
als ich nach dir rief
und dich fragte wer die Nacht
in deinen Reimen schlief.

Im Märzen

Im Märzen da reiß ich
den Samt vom Himmel der Sonne
mach ich die Laden dicht ich
hack der Krähe ein Auge

aus Amsel Drossel Fink und Star
dreh ich den Hals um dem Krokus
köpf ich die Knospen ich schmeiß
dir mit Veilchen die Fenster

ein jeder sehe wie
ich's treibe wenn
du nicht sofort
die Rösslein einspannst.

Lied. Mäßig bewegt.

Du bist zu mir gekommen
als kämest du zu mir
du bist davongegangen
als nähmst du mich mit dir.

Du hast bei mir gelegen
als wärest du mir nah
hast mir dein Herz gegeben
als wäre eines da.

Hast mir ein' Brief geschrieben
als kämst du wieder her
da sang ich dieses Liedchen
als ob ich's selber wär.

Krankgeschrieben

Spät am Morgen im Park
geh ich spazieren ganz ohne
Kind ohne Mann für einen
Langhaardackel bin ich
noch zu jung. Nach soviel
Regentagen scheint jetzt
wahrhaftig die Sonne. Im
NADELHOLZHAIN fallen
Fichten Lärchen und Kiefern
Düfte übereinander her der
LIEGEWIESE stehen die Gräser
zu Berg. Alle Wege führen
Mütter mit Kindern zu Wagen
zu Fuß in den Bäumen im Bach.
Ein schöner Mann geht
vorbei: ließ ich ein Spitzentuch
fallen er könnte sich
umdrehn mir folgen. Alte
Frauen am Teich füttern die
Enten mit Krumen. Morgen
nehm ich ein Brötchen und
ein Taschentuch mit.

Verbesserte Auflage

Nur noch wenige Schritte dann
wird sie ihm wieder gehören hören
beschwören sein Lied das ohne sie
ihm versiegt. Hals Nase Ohren
die Augen die Haare den Mund
und so weiter wie
will er sie preisen allein
zu ihrem ewigen Ruhm.
Als eine Stimme anhebt.
Orpheus hört:
die zum Lauschen Bestellte fällt
singend ihm in den Rücken.
Da
dreht er sich um und
da
gleitet aus seinen verwirrten Händen
die Leier. Die Eurydike aufhebt
und im Hinausgehn schlägt in noch
leise verhaltenen Tönen. Hals Nase Ohren
die Augen die Haare den Mund
und so weiter wie
will sie ihn preisen allein
zu seinem ewigen Ruhm.
Ob Orpheus ihr folgte
lassen die Quellen
im Trüben.

Spielende

1983

Bekanntschaft

Die Fehler sind bekannt: ich hab sie längst begangen
Schuld oder Unschuld trifft mich ganz allein
Ich bin auf meinen eigenen Leim gegangen
ich fiel auf keinen als mich selber rein

Was ich auch tue macht die Fehler schwerer
die Fehler machen bald mein Leben aus
Ich bin in diesem Leben eingefangen
ich komme nicht aus meiner Haut heraus

die narbenstrotzend an mir klebt und knittert
und mit den Jahren deutlicher verwest
Ich bin die einzige die vor mir zittert
ich weiß dass niemand mich von mir erlöst.

Danklied

Ich danke dir dass du mich nicht beschützt
dass du nicht bei mir bist wenn ich dich brauche
kein Firmament bist für den kleinen Bärn
und nicht mein Stab und Stecken der mich stützt.

Ich danke dir für jeden Fußtritt der
mich vorwärts bringt zu mir
auf meinem Weg. Ich muss alleine gehn.
Ich danke dir. Du machst es mir nicht schwer.

Ich dank dir für dein schönes Angesicht
das für mich alles ist und weiter nichts.
Und auch dass ich dir nichts zu danken hab
als dies und manches andere Gedicht.

Verschreibungspflichtig

Jetzt bin ich ganz ruhig

Ich nahm sechs Tage lang
morgens mittags und abends
drei davon
verlor ich mein Herz
an einen Chemiekonzern aber
auf pflanzlicher Basis schossen
Maiglöckchen Rosmarin Rosskastanie
aus allen Herzkammern
auf dich das traf
bis du Ruhe gabst
mich jeder Schuss
ein Treffer ins Schwarze

Jetzt bin ich ganz ruhig

Mein muskulöses Zentralorgan
in einem Meer von Baldrian
reimt sich nicht mehr
auf Schmerz.

Endlich

Endlich besoffen und ehrlich
und immer nochn Sonett
Reißt mir den Himmel auf
legt mir die Welt ins Bett:
Ich hab genug
ich steh mir selbst bis oben
und werd dies Leben nicht
vor seinem Tode loben.
Jaja ich weiß ihr habt mir keinen Grund
für dieses Wut- und Wehgeschrei gegeben
Mir geht es gut ich halt ja schon den Mund
nur eine Frage sei noch zugegeben
Seid ihr ganz sicher dass ihr lebt und
heißt Nichttotsein schon Leben?

Hühnerbrühe

Wie ganz anders verzehrt die begleitete Frau
ihre Hühnerbrühe im Bahnhof. Ja
sie hat Appetit isst weil sie will und nur
soviel sie mag. Schaut gradaus und herum
lacht wirft den Kopf wer Augen zu sehen hat
sieht wie's ihr schmeckt sitzend
zur Rechten des Herrn. Als kämen
nicht aus demselben Topf unsere Süppchen
die wir auslöffeln beide.

Besuch bei der Mutter

Jedesmal ist sie wieder
ein Stückchen kleiner geworden
Knöchelchen dünner als Kinderbein:
Vogelbein halten mich fest

In meinen Armen schrumpft sie
in mich hinein mitsamt
Angora-Hemd Bluse Wolljacke Kittel
schließt sich in mein Herz

Liegt mir im Blut
schaut mich an mit
Pupillen stecknadelkopfgroß
aus meinen Augen.

Schattenmorellen

Schattenmorellen sagst du ist auch
so ein Wort sage ich für vornehme
Knaben die ihre Kirschfrucht mit Kuchen
und Gabeln essen in schattigen

Parkcafés die Korbstühle wippen lassen
in weißen gestärkten Matrosenanzügen
hinter der Tür mit der Aufschrift
Herren verschwinden unter ihren Lackschuhn

knirscht auserlesener Kies während
ich mich mit Bauchweh von ungewaschenen
Kirschen am Rheinufer in die Büsche
verdrücke kein Spitzenkleid weit und breit

keine Tür für Damen.

Katzenmahlzeit

Alles ist in Roma essbar
Artischocken schwarzes Schaf
Ciceroni Chips Cypressen
Rosmarin Maroni

Alles ist in Rom vergessbar
Esbahn Uhahn Alster Spree
Villen Pillen Brillenträger
Papa Papperlap

Alles ist vergessbar essbar
Colosseum Marzipan
Minestrone Mama Mia
Dolce Duce Du

Wir

Wir versuchten die Welt zu heben
aus den Angeln jahrtausendelang
sie auf Trab zu bringen. Wir machten
zum Maß aller Dinge: uns. Und wir
sprangen über die Klingen und wir
lachten aus vollem Hals ließen
Formeln und Fakten singen zerstampften
die Erde beim Tanz mit Zahlen und
Figuren vergaßen das Zauberwort
jagten die Zeit mit Uhren
paarten das Leben mit Mord.
Und wir ließen die Welt verenden
ausbluten im Begriff versenkten
mit eigenen Händen Noahs Narrenschiff.

Gertrud Kolmar

Auf meinen Knien das Häufchen
Fotokopien wird leichter

Langsamer lesen

Mit jedem Blatt lege ich Lebenszeit ab
von einer die schrieb im vorletzten Brief:
Ganz ohne Freude bin ich freilich nicht
Sie meinte ihre Erinnerungen
Weinte mit keinem Wort
Lebte vom Leben schon sehr weit entfernt
Legte an alles Geschehen längst
den Maßstab der Ewigkeit
Trat freiwillig unter ihr Schicksal
Hatte es schon ›im voraus bejaht, sich ihm
im voraus gestellt‹ schrieb sie

Langsamer lesen

Wir wissen nicht wo sie starb
Wir wissen nicht wann sie starb
Ihre Mörder sind bekannt

Im letzten Brief fiel ihr ›eben etwas
Ulkiges ein‹. Versprechen und Pläne. Herzliche Grüße

Langsamer lesen

Immer wieder von vorn.

Nach Jahr und Tag

Ein Waggon fährt vorbei
Er hat Kohle geladen

Männer links Frauen rechts
Zu den Kabinen im Freibad

Schuhe liegen auf einem Haufen
Im Sommerschlussverkauf

Haare werden geschnitten
Zu einer neuen Frisur

Menschen gehen ins Bad
Zum Baden

Ein Feuer brennt
Es wärmt

Rauch steigt auf
Eine Kerze verlischt.

Abendlied

Den Ring durch die Nase
die Zunge im Zaum
Fell über die Ohren
das Leben ein Traum

Die Füße im Pflock
im Marschtritt ein Reigen
geteert und gefedert
der Himmel voll Geigen

Das Maul gestopft
im Nacken der Schlag
Stock und morgen
ist auch noch ein Tag.

Freudenfeuer
1985

Zusage

Bleib bei mir
damit dir nichts geschieht
meine Atemzüge
dein Wiegenlied

Ich halt dich fest
ich lass dich los
bei mir bist du sicher
in Abrahams Schoß.

Köstlich

Wie reizend wie nett bitte nach Ihnen

Aber ja die Emanzipation ist ein
Donnerstagsvormittagsdamenkränzchen
Alle bringen etwas zum Knabbern mit

Greifen Sie zu ich bin so frei bitte bitte

Gewiss küsst Ihr Mann meine Liebe nicht
schlechter als Ihr Labrador

Nein danke die Linie Sie verstehen

Müsste hier nicht ein Dichter die Liebe beschwören
Aber die Mücken die Mücken stören

Meine einzige liebe gnädige Frau

Bitte Frau Doktor H.
Ich lese Sie liebe Sie lobe Sie labe Sie lechze
nach Ihren Gedichten zum Tee Teegebäck

Besten Dank

Aufgewachsen

Daher der Reim:
Von den Wellen am Rhein
konnte eine nicht ohne die andere sein

Im Frühjahr stiegen sie warfen
Augenpaare nach mir aus dem Schlamm

Kopfweiden am Ufer kaum höher als ich
aber zähe alte Luder warnten mich
Schau nicht hinein

und war längst in ihnen versunken.

Schöne Landschaft

Mitunter tut sich
der Himmel auf
zeigt sein Geheimnis
im Spiegel der Erde
Zeigt uns was
wir noch übrigließen
von der Erde die einmal
sein Ebenbild war.

Auf Erden

Gelassen schau ich diesen Himmel an.
Natur. Natürlich fallen mir Vergleiche ein.
Ein Alpenveilchentöpfchen könnt es sein
was hochhinaus am Horizont erglüht.

Es ist mir trotzdem kalt. Die Wiesen weiß
vereist. Die Sonne schwach. Aufs Autodach
fiel Schnee und auf die Felder fallen
strenge Metaphern ohne Reim herein.

Die Krähen schrein. Natürlich ziehn
sie schwirren Flugs zur Stadt. Wer
keine Heimat hat schaut sich
den Himmel an.

Unerhörte Nähe
1988

Selig sind die Wartenden

mit den zerbissenen Lippen und Fingernägeln
den von Briefen gestopften Mäulern
Welke Blumen knebeln ihnen die Kehlen.
Sie tasten unentwegt mit der rechten
nach ihrer linken Hand.

Selig sind die Wartenden

Sie bedürfen der Stunden nicht
nicht der Tage nicht des Wachens
des Schlafs. Sie spannen sich
in ihrer Haut bis die Poren platzen
jedes Lächeln sich selbst zerdehnt.

Selig sind die Wartenden

an ihnen saust der Erdball vorüber
das schärfste Stück Welt
löst ihren Blick nicht
aus der verheißenen Richtung.

Selig sind die Wartenden

mit dem wässrigen Glanz der Hoffnung in den Gesichtern
mit dem Traum der sie schützt vor dem Schlimmsten
mit der Zielscheibe über dem Herzen
damit es sie jederzeit trifft.

Selig sind die Enttäuschten

nicht länger
nennen das Laue sie heiß
oder schüren das Eis mit Feuer
Sie nehmen den größten Finger
nie mehr für die ganze Hand

Selig sind die Enttäuschten

denen das Grün der Blätter gehört
nicht der Hoffnung
Erde liegt ihnen zu Füßen
Sonst nichts
Über ihnen gähnt mächtig der Himmel
Ihr Leben spielt sich
nie wieder in luftleeren Räumen ab

Selig sind die Enttäuschten

ihr Schrei
beim Absturz
auf die eigenen Beine.

Anfang Oktober

Du schenkst mir Rosen und behältst den Strauch
und Äpfel die ein Wind herunterriss in deinem Garten
und keinen Baum kein Haus kein Kind dein Wort
löst sich in ferne Vogellaute auf

Ich sage bleib noch öfter als bisher
und lass dich gehen
Die reifen Beeren von den Ebereschen
ergreift der Vogel weit trägt er sie fort.

Irrtum

Und mit der Liebe sprach er ists
wie mit dem Schnee: fällt weich
mitunter und auf alle
aber bleibt nicht liegen.

Und sie darauf die Liebe ist
ein Feuer das wärmt im Herd
verzehrt wenns dich ergreift
muss ausgetreten werden.

So sprachen sie und so griff
er nach ihr sie schlugs nicht aus
und blieb auch bei ihm liegen.

Er schmolz sie ward verzehrt
sie glaubten bis zuletzt an keine Liebe
die bis zum Tode währt.

Reisesegen

Fahr weiter mit mir mein Gefährte spring
nicht ab aus der Zeit weils zu schnell geht
zu langsam die Brücken vermint die
Straßen eben noch fest reißende Flüsse sind
Weils dir schöner scheint im Schatten
genügsam ein Pflüger zu sitzen setz
dich nicht fest in der Zeit. Glaub mir
wir werden in dieser Richtung vorwärtskommen
Hab keine Angst ich versprech dir wir kommen
niemals ans Ziel.

Durchs Dorf

Vorbei
am übermannshohen Zaun
der Villa vom Schnapsfabrikanten
der führte seinem Nachwuchs
einmal im Jahr zum Spielen
auch Arbeiterkinder zu

Weiter vorbei
an der Burg hinter Stacheldraht
im streng verbotenen Park
wo der Freiherr den Hund
auf uns hetzen ließ
mit einer Bewegung der Hand
die ich abends vorm Spiegel übte

Weiter vorbei und hin
von den geteerten Straßen
dem Geruch nach Rüben Porree und Kohl
und vom anderen Ufer Chemie
an den Rhein den Rhein entlang

Weiter vorbei und zurück
in das kleine Haus zwischen großen
Die Frau darin freute sich
neun Monate lang auf mich
Wo bleibst du so lange fragt sie
Jetzt ist der Kaffee kalt.

Aussaat

Diese Romane auf Liebe und Tod
und das Leben hier
in immer dürftigeren Verstecken
Einmal mit weiten Schritten
unter freiem Himmel vorwärtsgehen:
große Worte einfach fallenlassen.

Schreiben

Tief wo Aale und Wörter
die Leichen fleddern
mästet sich das Gedicht
am versunkenen Leben

Wie es sich windet
in Rotz und Wasser
Narben aufreißt Wund
ränder weit auseinanderbricht

der Schädelhöhle
Erinnern eingepresst
bis aus den Augen
das Salzige quillt

Schließlich das Herz besticht
noch einmal wie im
Leben zu schlagen mit
dem Versprechen von Liebe

Endlich der Pulsschlag
in Wörtern und Silben
ausgesaugt jede Sekunde
das Leben noch einmal zerstört
geborgen im Wort.

Münchhausens Schwester

Haare gelassen? Alle nie. Immer wieder
am eigenen Schopf aus dem Sumpf
und mit Hennessy zugegeben und Gott
sei Dank immer noch genug

zum Rausziehn wachsen sie nach
und nach wird der Griff routiniert
und das Haar steht auf Kommando zu
Berg Talfahrt gratis sobald der Gipfel

erreicht ist runter den Bach. Ach
dass irgendwo Milch und Honig fließe
wer möchte es glauben. Flössen sie

flöhen wir nicht – fürchtend wir müssten
ertrinken in unserm schöneren Selbst –
zurück in den Sumpf?

Vielleicht eine Hand

Ein Mädchen eine Frau glatte Haut
Falten sackendes Bindegewebe. Dann
ein Hügel hochaufgewölbt frische Blumen
Kränze mit Schleifen viele Füße
ringsum. Später Begonien
Buchsbaum ein Kiesrondell später
die Marmortafel mit Namen von bis
daneben Lebensbäume. Füße mitunter
Schnittblumen in der Laterne ein Licht.
Später nur noch der Gärtner zweimal im
Jahr vom Konto der Erben abgebucht.
Dann Efeu. Moos in den Sprüngen im Stein.
Dann und wann vielleicht
an einem Tag im Altweibersommer
dann und wann vielleicht eine Hand
die Spinnweb und Blätter wegschiebt
Augen die den Namen entdecken
hinterm Stein junge Katzen noch blind.

Fest auf der Alster

All das Eis wir schwelgen
im Winter unter der Sonne
Laufen auf Kufen im Kreis
und gradaus mit und gegen
und durch Licht und Wind.
Alte Ehepaare ziehn sich
noch enger zusammen
Vater und Mutter kreisen
in hohem Bogen ums Kind.
Wippende Mädchen im heiratsfähigen Alter
lächeln aus der Hüfte heraus gutaus
staffierte Lilien in kühnen Kurven
kreuzen ihre Herzensmänner das Feld.
Sogar silbrige Herren und Damen geraten
ins Schleudern der Hut fliegt vom Kopf
der Hund rutscht hinterdrein
wittert Glühwein auf Eis.
Übermütig lächeln wir alle verschworene
Kinder die vom selben Süßen genascht
Werfen Lächeln wie Bälle uns zu
durch die lächelnde Luft. Lächeln
als gäbe es nichts zu bestehn
als den nächsten Schritt als geschähe
nur was wir im voraus schon sehn
bis an den Horizont von
Brücken Kirchen und Banken.
Lächelnd vergibt ein jeder von uns
seinem Nächsten und sich
diesen Nachmittag lang
all das Eis
unter der Sonne.

Epikurs Garten

1995

Sickerndes Licht die Hitze berührt dich von fern noch
schüttere Luft Geraschel im Laub Zeilen
stehn auf gelenkige Mobiles an
ihren mächtigen Nabelschnüren
Trost alter Gedichte
aus einer stilleren Welt.

Leichte Wörter leichte Luft leichter Sinn
ein Punkt im Raum und einer in der Zeit
Die Linien des Lebens sind verschieden
Behalt deine Wahrheit für dich von selbst
legt sich der erste Schatten auf die Sonnenuhr
so viele Linien ein wunder Punkt
Ich sag dir heute noch blüht die Luzerne.

Weiter Erdkreis die ewige Wiederkehr der Farbe Grün
meine kleine Spanne darin Tomaten hochbinden
den Rittersporn stäben Fliederwind
Teichwasser Phloxduft verschlingen Schnecken
wildern mit Plastikbechern und Bier.
Schau mich an. Spränge ich
jetzt in den Abgrund ich fiele
lichtaufwärts landete in deinen Augen.
Schau mich an. Da der Himmel. Hier
alles was unser.

Lied der Amsel

Flieg mit mir hinauf
auf diesen Ast und schau
auf dich hinunter:
Auf dich in den Blumen
auf dich in den Steinen
im Gras am Wasser
auf dich unterm Baum
Du hier oben und
du da unten:
Das ist alles.

Pflanzen

Setzlinge drücken aus Plastikcontainern
ins Erdreich. Vaterlandslose Gesellen. Taufen:
Jeden auf seinen Namen. Gruppen bilden
Brüderschaften und Kolonien.
Boden suchen und Sehnsucht
wandeln in Wurzelwerk.

Heckenrose

Wenn ein Mann und eine Frau
einen Garten anlegen nach dem Muster
von Eden wird es einen Abend geben
voller Entsetzen: alles
kann über Nacht vergehen nichts
ist sicher vor diesem Wind der heute
zwischen die Kirschblüte fährt und morgen
zwischen die beiden. Lass uns
sagt der Mann die Rosen näher zusammenrücken.

Herbstrose

Ich weiß du lässt mich stehen, Schwester, thank you
Mama, sagte der Kleine gestern zu dir. Ich weiß
Wie es ist die Fasson zu verlieren, aufblühen
Nennen sie das, wenn die Sonne dich aufreißt
Wind und Regen bei dir aus und ein gehen. In voller
Blüte nennen sie das, wenn du die Farbe wechselst Rosa Rot Blu
Blut das in den Kopf steigt. Stockt.
Von den Rändern her verfärbt sich das Rot zu Rost.
Innen aber noch immer rot und begierig.
Das erste Blatt fällt und bleibt nicht allein:
Ich bin zu stolz sie zu halten. Du gehst durch die Straßen
Und keiner pfeift du gehst durch den Garten
Siehst an mir vorbei.
Vorbei Schwester vorbei.
Ich weiß wie es weitergeht, wenn du mich vergeblich suchst
Mit deinen oberirdischen Augen. Ich
Kenne mich aus unter der Erde.

Erde

I

Schwer nur ertragt ihr meinen Anblick Staub
den eure Hand nicht halten kann woher
ihr kommt wohin ihr geht: Ich weiß es.
Euch alle kriege ich. Zuerst das Weiche dann
die harten Knochen.

II

Bück dich! Tiefer! Fass mich an!
Wie lange hast du keine Erde
zwischen den Fingern zerrieben?
Warte nur und du schmeckst
wie unter deinen Nägeln der Dreck
Küss ihn und leck ihn solange
du Süßes und Salziges spüren kannst.
Eins sind wir verschieden umkleidet.
Warte nur und du fühlst
dich nicht anders an als ich.
Berühre mich
noch einmal wie den
den du liebst. Und geh zu ihm.

Epikurs Garten

Beim Ysop stand er wünschte mir Freude
wie man Guten Tag sagt.
Nicht hungern nicht dürsten nicht frieren.
Das alles ist dir gegeben du darfst
dich selbst messen mit Zeus. Ich notiert es.
Beim Akanthus ließ er sich nieder ich bot ihm Käse
Wein Feigen wir machten es uns glückselig. Der Tod
ist für uns ein Nichts. Keine Empfindung besitzt,
was der Auflösung zufiel. Was aber
keine Empfindung mehr hat – ich notiert es –
das kümmert uns nicht. Wir lauschten dem Ahorn.
Ohne Wissen von der Natur kann man keine Freude
vollkommen genießen. Notiert ich. Wem genug zu wenig ist
dem ist gar nichts genug. Ein griechisch Himmelblau
durchspielte die Reden. Wie notieren? Grün sagte er ist gut
für die Augen Grün ist Leben.
Aber der Sinn fragte ich der Sinn der Sinn des Lebens ist
das Leben sagte er. Ich notiert es.
Wir tranken noch einen Klaren. Lebe verborgen
empfahl er wie man Lebe wohl sagt und verschwand
Madison Ecke 78th wo es die klassischen hamburger gibt. Der
Inopos rauschte vorüber.

Älterwerden

Zögern mitten im Satz

Nachfragen wenn man glaubt
es verstanden zu haben

Es nicht mehr eilig haben
mit dem Wissenwollen

Einen Stein ein Glas eine Hand
länger festhalten als nötig

Den Ärmel des Gegenüber beim Reden berühren
zu spüren man ist noch da

Ein Buch einen Blick eine Haut verlieren
und nicht mehr finden wollen

Erinnern statt sehnen

Den Gedanken: Das alles ist nach mir noch da
trainieren wie einen Muskel

Gefühl als wäre jemand im Zimmer

Hamburger Sommer

Zentaur aus Sonne und Wind
wasserschnaubend die Nüstern Volldampf
voraus im Galopp an die Küsten
aber die Teetasse fein
balancieret zwischen den Hufen.

Befähigung

Ohne Pflicht ohne Auftrag ohne Recht
ohne Kompetenz in der Sache:
Wer will was von mir hören?

Früher einmal gab es Wesen die Musen hießen
Meisterinnen des Schmerzes und des Entzückens

Wer ihnen folgte drang weit
vor in sein Herz so viel Wildnis
drinnen war keine Welt mehr
Bewegung nur einen Ort zu schaffen
aus Selbst- und Mitlauten manchmal ein Wort

Heute ödet uns jeder beschriebene Weg
und jeder erklimmbare Gipfel.
Wer lehrt uns Wörter
gewichtiger als das was weiß bleibt
auf dem Papier. Und wer
bringt uns ein Schweigen bei
das die Welt nicht enger und leerer macht

Sätze schwenken

Ja muss denn das schon wieder sein:
diese Papierfiedelei dieses Geschrei
erregter Pelikanminen im sicheren
Schatten der Wörter
auf der Suche nach Bildern für etwas
das wirklich Hand und Fuß hat
Tacheles redet zum Lachen bringt
zum Weinen. Adieu Leb wohl die Welt
sticht auch ohne Dichter in See über
stäubt sie mit Gischt und Silben.
Von der Schreibtischrampe aus
sieht man sie vereinzelt noch winken
Sätze schwenken wie Mützen und Fahnen.

Ars poetica

Nomina si pereunt, perit et cognitio rerum.
Carl von Linné

Ja. Nein. Verantwortung. Gott
so viel Worte. Zu haus sein wo
man hingehört der große Weltatlas
finale Störungen Erlebnisdichtung die
rose is a rose is a rose

An dieser Stelle nur noch Ich Erleberin
Adresse weltweit unbedeutend und beliebig
die Sonne scheint geh diesen Weg entlang
was täglich abfällt ist dein Material
Erzähl mir nichts vom Gehn steh auf und geh

Der Garten wartet Ostermelodie wo es sich dreht
gefiltert sublimiert schön tief und hoch
prozentig destilliert Bewusstseinspoesie der alten Art die
Rose is a rose est una rosa
und würde ohne jeden Namen duften.

Galileo und zwei Frauen
1997

Gedicht

Für Proteus

Denn bald hat man dich als Mann, bald als Löwen
gesehen, bald warst du, grimmiger Eber, bald –
entsetzlich anzufassen! – eine Schlange;
bald machten Hörner dich zum Stier; oft
konntest du wie ein Stein, oft auch wie ein Baum
aussehen.

Ovid: Metamorphosen VIII

Schwer zu erklären dass ein Gedicht
keinen Gegenstand hat wie ein Schiff
seine Container eine Jahreszeit ihre Blumen
Unteilbar wie eine Primzahl
Dass es flieht wie du vor der Zeit
und vorbei ist
wenn du zu schreiben aufhörst zu
lesen aufhörst wenn du dich nicht
mehr erinnerst was du gerade noch
warst in einem Aufblitzen
einem Moment lang ein Wort lang
Schilfrohr Flamme Staub Komet
der vorbeizischt ein Schwarm
kleiner Vögel zwitschernd über
uns   alle hinweg   nichts Greifbares
nicht einmal schwarz auf weiß
Höchstens Kindermalkasten
springendes Wasser an dieser
Erde festbinden   Hostie
unter der Zunge Vertrauen

gelassen und blind   Gespielt
auf Syringen   hart wie eine
Brise   so wie an den Hut getippt
Jetzt und Vorbei   Oh
du Angst vor dem Ende endlose Angst
dass alles vorbei ist bis alles vorbei ist
solange wir schreiben
solange wir lesen kann es
kein Alles geben   solange du schreibst
solange du liest sind nur die anderen
für dich gestorben wenn du es liest
wenn es dich liest aus
setzt unter wuchernden
Himmeln Fallobst Septemberäpfel
das Rohe und das Gekochte
das Leere das Gestillte der Überfluss
Hand und Fuß mit Schuhen und ohne
Mann und Frau mit Sehnsucht
und ohne Brotsuppe mit Bier   Jetzt
und Hier   sag was du willst was
willst du   mehr als alles   zurück   und
Für   Immer   Nichts hört auf
wenn du aufhörst zu
Sein   oder?   Nichtsein kann es nicht geben
im Gedicht nicht geben und nicht im Leben
Nimm das Holz aus der Glut   Keiner
den Asche erfreut   Gib Namen Prämissen
Gib Namen   Kleine Unterkünfte über
dem Abgrund gegründet   All die Musik
aus der Stille in Beethovens Ohr.

Schlafende Muse

Keines der Bücher die jetzt in Druck sind
wird sie noch lesen können und den Trost
der Bäume nicht mehr erfahren   nicht einmal
aus den Spitzen der Knospen   und der
schöne Augenblick – der ohne Schmerzen –
versteinert sich immer
schneller und liegt dann
unverrückbar einer nach dem anderen
schwer auf ihrer Brust   und ihr Stückleben
gleicht immer mehr einer harten Sache einem
harten Porno   obszön und voller Gewalt und Erniedrigung

Wäre nur nicht so vieles
an ihr noch honig und golden   das spitze Gesicht
unterm Kopftuch   das Gesicht einer kleinen Muse
Warum
liest man sie aus dem Leben mitten heraus
wie einen faulen Apfel aus einem Fass?   Mein Hass
ein fingerloser Ehering der keinem passt

Der Morgen kommt   Ich bin die ganze Nacht
bei ihr gewesen   an ihrem hohen Bett
Sie hat so gern gespielt
ein neues Spiel ein neues Glück va banque
mit sich   den anderen   nach ihrem Kopf nach
ihren Regeln   Alles geht   und jetzt   geht alles
nach dem Kopf des Lebens und seine Willkür
ist Gesetz und alles ächt jetzt alles
fest umrissen   alles   ganz sicher   Niemals

mehr eine Chance das eine oder andere
jetzt oder bald zu wählen
nicht einmal zwischen Kaffee oder Tee   Der Morgen
pfleger kommt   Sie schläft   Ich werde gehen
können   Ich kann gehen
sogar übers Wasser solange das Eis hält oder
im Zimmer bleiben wo die Februarsonne schon wärmt.

Für

Gott und alle Engel sollten ihn schützen
Wen   Den der da liegt   Wo liegt   Wo
Gras wächst   liegt er wie man so
auf Wiesen liegt   die Beine ein wenig
gespreizt entspannt   die Sprache
eines Körpers der schläft   die Täuschung
einer Sprache des Körpers der da liegt   Wo
sein Helm liegt   blau   in den Blumen
von denen ich nicht einen Namen weiß
wunschlos traumlos
nie wieder ein Verlangen nach weichen Versprechungen
nie wieder auf roten Tigern über die Champs-Élysées
liegt er
unter dem hohen Warnruf des Vogels
den er nicht hört   In seiner Mulde
zwischen Schlüsselbein und Schulter ein Körperchen
von einem Zoll gebundene Füße
ausgestreckte Arme männlich nackt
auf einem Sterlingsilberkreuz   liegt leicht auf dem
der schwer im Gras liegt   die Augen   weit offen
als suchten sie den Himmel ab   Stechmücken
fliegen hüfthoch auf in einer losen Wolke
zerstreun sich im Gestrüpp   purpurn orange violett.

Die Hand die streichelt

Viele versuchten umsonst das Freudigste freudig zu sagen,
Hier spricht endlich es mir, hier in der Trauer sich aus.

Friedrich Hölderlin

Für Hans von Dohnanyi (1902–1945)

Wem war Antigone nah? Ihrem Vater
der seinen Vater erschlug? Ihrem Bruder
der seinen Bruder erschlug? Wer sprach zu ihr
mit stimmloser Stimme?
Wem war der Reichsbeamte nah? Der Frau
die leuchtete wenn er sie ansah
Den Kindern wenn er sie vorm Schlafengehen küsste
Wer sprach zu ihm?

Die Hand die streichelt
folgt der Form des Körpers, ihr Liebkosen

Hilfloser als die Frau zu Hause und der Sohn
der älteste der eben in das zweite Schuljahr kam
Vierzehn Gesichter: nackt ohne Deckung Maske Macht
Forderten nicht und drohten nicht. Versprachen
keine Belohnung.

Die streichelnde Hand bedeckte den Leichnam
des Bruders mit Erde vor den Toren von Theben
Die streichelnde Hand fälschte vierzehn Pässe
für vierzehn Reisen nach Zürich

Was dachten sie? Antigone die Braut
kurz vor der Hochzeit. Der Reichsbeamte
der sich so gerne aus der Stadt ins Freie schlug
und mit den Kindern durch den Wald ans Meer

Es war im Sommer. Wind in den Zedern Pinien
den Eichen Linden. So ungestalt wie ein Gewölk
am Himmel dachten sie. Sie dachten nicht.
Weil man zum Denken Wörter braucht

Die sie nicht brauchten. Sie taten ihres wie
vom Stern getroffen ihr Wesen aufgelöst
im Hütersein des Bruders ins Offne strömend

Man mauerte Antigone in eine Höhle vor der Stadt
September lagerte mit reifen Früchten roten Beeren
schwer überm Hügel drin sie sich erhängte
Den Reichsbeamten trugen sie beim Morgengrauen
im April auf einer Bahre unter den Strang
Zwei haben ihn gehalten. So krank schon.
Ein Dritter legte ihm die Schlinge um den Hals.

Die Hand die streichelt löst in uns die
offene wehe wortlose rauhe Liebe
und ihre Asche klopft auf unserer Brust.

Penelope am Webstuhl

I

Ich bin die
die wartet und webt
den Faden zwirnt
die Fasern färbt
die Farben des Fadens nach meinem Gesetz
die Farben der Klage die Farben der Lust der
Leber der Niere der Liebe des Darms
des Erbarmens der Trauer des Sonnengeflechts der
Zirbeldrüse des Neides des Hasses des Harns
der Raserei und der Demut
Die Farben des Menschen
Meine Farben Penelopes Farben
in die Oberfläche des Stoffes

II

Das Muster farbiger die Fäden reicher
Das Reiche fester wie das Feste weicher
Nichts für ein teutsches Kostüm
Was die Substanz verbirgt der Stoff verhüllt
soll sich im Muster zeigen
als verberge es was es enthüllt
So groß die Angst DAS MUSTER zu versäumen
Ins Leere springen
immer Männer und Frauen
schön wie Frühling und Sommer unter Pflaumenbäumen
Ulmen umwerben erobern umweben winden
den Löwenzahnkranz für ihr Haar
warm schon die Luft grüne Blattspitzen
bohren durchs feuchte Erdreich warm

schon die Luft Vogelruf trächtige Muttertiere
Saftschächte in den Stämmen der Bäume
Das Sausen des Wassers zwischen Borke und altem Holz
Roter Faden in die Verheißung der Fülle
Nur nicht aufdecken all das Prunken
mit dem was nicht ist
Noch nicht ist

III

Ich bin die
die wartet und webt
Webe nicht weil ich warte
Verkleidet in Warten webe ich
Solange ich webe lebe ich
Weben ohne Taktik Kalkül Weben
blind wie das Leben im Frühling
Und immer
auf der Jagd nach dem
was ich noch nicht gewebt
Immer größer die Gier
nach dem Nicht-Gewebten
je mehr ich schon webte
Und jedes Weben ist Vernichtung
des Nicht-Gewebten

IV
Darum
darf kein Fertiges sein
Kein Telos kein Endzweck keine Vollendung
Daher
ich jede Nacht das tags Gewebte
mache wieder nicht gewebt
Hörte mein Weben auf
Penelope wäre nicht mehr
Nicht Anteil habe ich an dem Gewebe
Ich bin Seinteil
Und während ich es webe webt es mich
Macht' ich es fertig
Macht' es fertig mich
Darum
aufreißen alles
mein Ich aufreißen zerpflücken zerfasern
und neu zusammenzwirnen
immer wieder neu
Und jede Nacht die Stimme die mir sagt
Verzweifle nicht du wirst es
schließlich finden: DAS MUSTER
farbiger die Fäden reicher
Und die Vollendung auf den Knien
vor der Muse der Zerstörung

Die Hirtin zu Penelope

War eine Zeit da hüpften die Wörter wie Lämmlein ins Haus wie auf grüne Weide lachend und scherzend auf ihrer Reise durch Nacht und Sterne ans Messer – ich Hirtin sie lässig zu drehn und zu wenden und wieder hinaus zu Spiel und Braus und in hübschen Paketchen in Strophen wien Stückchen Schocklade zartbitter mit Nüssen und Mandeln voll
Milch schleckte man sie als Nachtisch zum Leben

Dann kam der Trott. Sie kamen in Scharen im mittleren Alter süchtig nach ihrer Versklavung was sie für Verewigung hielten Schlachtschafe mit schwerem Tritt und Gehirn. Dann wurde das Wasser knapp Seuchen untergruben ihre Moral

Eine Zeitlang blieben sie fort. Jetzt kommen sie wieder schleppernd umkreisen mich suchen in Fußnoten Unterstand scheinen genügsam und scheu. Locken lassen sie sich wie verlorene Söhne aber struppig und grau unterm Pelz witternde Rudel verhaltenes Geheul Zähne Wolken zu reißen

V

Manche lassen sich hören:
Komm hinunter. Längst
gibt es Gewebe genug. Komm hinaus
Iss und trink mit uns, Frau.
Tun besorgt mir die Mühen abzustreifen
von den müdgewebten Armen

Andere schmeicheln mir: Lass uns Schöne
dein Schöngesticheltes sehn
rotes Kitzelgewebe verliebter Versesfuß
Distelkuss Erdenkugelgewebe
Nein sag ich kein neues Gewebe
Mich lockt kein neues Gewebe
Ich sorge mich nicht um
mein neues Gewebe. Aber
Weben will ich. Weben muss ich. Weben
All die Fäden in mir mit ihren
Schatten Flecken und Schlacken
All die Fußstapfen Kohle- und Kreidespuren
Stadtpläne Kindergesichter
aus nächster Nähe Hyänen und Hypothesen
aus lebendigem Perlmutter Scherbenschnitte
Weben. Weben bis es nicht mehr weh tut
und nicht mehr die Erinnerung daran. Weben.
Den Knebel lösen in Muster
voller Schnäbel mit Gesang

VI
Und wenn er nun käme? Er
diese himmelblaue Chimäre
dieses Blaue vom Himmel herunter
erzählte Gespenst?
Um dessentwillen
ich die bin
die wartet und webt

wie alle Welt glaubt
Wie ich mich fürchte
vor seiner Wiederkehr
dem Feuerkleid seiner Hände
Vor seinem Mund auf meinem Puls
seiner liebeskranken Nacktheit
Nicht länger wäre ich die
die wartet und webt
Nur noch Seinweib
Und tot Penelope
die Weberin

VII
Er kommt er kommt
Mag sein wie eine Hand
in meinem Haar so zärtlich unverhofft
Er kommt er kommt
Mag sein wenn meine Fäden aufgezehrt
mein Muster nur noch
Stückwerk Schemen Mumientuch
brautfarben endlich leichenfarben
narbenweiß
Er kommt
Bis dahin aber
mein Schiffchen frei über Kette und Schuss

Augenblick im August

Schreiben was soll ich schreiben
Heiß heute – Keine Gewerkschaft die für
mein Kaltgetränk kämpft Trauermantel
auf Purpurhut klingt gut steht aber
in keinem Bezug zum Weltgeschehn
wenig sozjale Rellwanz
in Zitronenmelisse und Majoran gehört
eher inne Leberwurst als innen Gedicht
Also halt doch die Klappe oder nimm dir
was vor zum Beispiel Staatsdiener
geben immer was her. Tusch. Oder
Wald vom deutschen bis Regen. Oder
irgendwas Aussterbendes Blumen
Tiere Bäume. Tusch. Hunger
am besten in Ländern mit A. Kinder
Sterben in Großbuchstaben Kaposi Syndrom Haupt
Sache zur Sache die Sache
kritisch gesehen die Erde ein Jammertal aber
mit Wasserspülung Lohnfortzahlung Klimakonfrenz
Zeilen Zeilen Zeilen durch das Leid auf Kredit. Mensch
Heil statt den vor der Haustür oder dieses
Gekröse in der eigenen Brust bloß nicht
zu nah bloß nicht Schreiben mit einer Hand in
der Wunde oder auf Messers Schneide.
Bloß keine Verse mit der Hand in den Sternen
oder auf Taubenfüßen. Gestern hast du den ersten
Leuchtkäfer in diesem Jahr gesehn? Gestern küsste
dein Mann das Fell einer anderen Frau? Gestern hast du
die Stiche im Arm deines Sohnes gesehn?

Sahst wie Abel den Bruder erschlug Kleider und Pässe tauschte?
Gestern brachte deine Frau ein gesundes Kind zur Welt?
Tut nichts zur Sache. Der Menschheit. Halt ein
lautloser Augenblick im August ausladender Mittagsbaum
über den späten Rosen und der Himmel
da droben wie ist er so weit und verborgen.

Mit einem Buch

sich immer weiter aus der Welt
heraustasten heraustexten
Erst die Fenster verdunkeln
dann das Gesicht vor allem die Augen
die nicht auf dem Weg sind
als sei niemand zu Hause
Dunkel und still Innen aber
erleuchtete Fenster und wie
einer mit dem Leben davonkommt
die letzte Seite glatt überflügelnd

Hymne

Manch Trennendes im Weg dem
was ein einig Liedchen werden will für tausend
Zungen. Pfingstwunder März und eine neue Rundschau Inter
Pret a Port Ionen alter Grenzgebiete täglich von neun bis
siebzehn Uhr vertreten wir die Jugend die Heimat und die
Nationalität. Carefree. Heut abend großes
virtuelles Feuerwerk. Naturgemäß. Noch
Sätze frei. Bewerben bei Frau Föiton. Sektion
Texturschrei Halleluja Allah Om.

Ballade vom Schriftsteller

Er hat es wieder getan. Bei Brot und Wein im Monden
Schein im Sonnenschein. Allein. Kann nit
Verstan. Das wahre Sein. Pfingstrosen Asylanten
Heim die Augen gingen ihm über
Die Schreibtischkante hinaus und zurück ins
Als ins Nichts ins Kinkerlitz mit Kraft Süß Spreng
Stoff Aberwitz. Er tut es immer wieder.

Ballade von Galileo und zwei Frauen

Der Job der Mann das Kind das Schreiben alles
Unter einen Hut – es geht nicht mehr.
Drückt eine Zigarette aus und macht
Die nächste an. Noch ein Glas Wein.

Wir sitzen im Da capo. Das erste
Teleskop zeigte die Zacken an den Rändern
Des Mondes – kein schönes Muster
Vielmehr wüst zerklüftet. Verlassen

Sagt die Freundin will sie ihn und reckt
Die Gabel vorwärts. Frei sein. Ich habe
Auch schon einmal einen Mann
Verlassen. Die Sonne

Nicht die Erde ist das Zentrum. Er
Weinte. Und ich konnte ihn nicht mehr
Berühren. Chianti Saltim bocca ein Salat. Goldenes
Licht durch hohe Fensterscheiben. So junge Arme

Eines jungen Mädchens am Nebentisch um
Einen jungen Mann. Hat eine Frau wie meine Freundin
Einen Arm zuviel einen zuwenig? Sind
Wir denn Monster? Sind wir unersättlich?

Die Priester gegen Galileo verweigerten
Den Blick durchs Teleskop, beriefen sich auf Gott
Und auf die Ptolemäer. Dort waren Teleskope
Unbekannt. Die Nähe des Geliebten. Unser Haus

Milchflaschen vor der Tür. Die Erde eine Scheibe
Schwarzbrot mit Heidehonig. Holst du
Das Kind ab? Bring die Zeitung mit. Das
Und das andere – das mit

Dem dritten Arm. Am Schreibtisch. Alleine
Mit dem Ungeprüften. Besessen selbstvergessen
Hielt Galileo seine Augen in die Finsternis. Jupiter hat
Vier Monde. Schlug jede Warnung in den Wind.

Als er alt blind verstummt war fragte ihn
Ein Schüler ob er wirklich widerrief: Ja
Sagte er, sie zeigten mir die Zangen und
Meinem Körper graust vor Schmerzen. Ich kannte

Eine Frau die hörte mit vierzig auf Klavier
Zu spielen: Pillen Elektroschocks zum Schluss
Ins Wasser, die Tochter nach fünf Kindern
Fing zu malen an. Krebs und mit fünfzig tot. Ich

Bin ihre Tochter. Mein Körper fürchtet sich. Die Sonne nicht
Die Erde steht im Zentrum: So Galileo am Ende. Und:
Jupiter hat drei Monde. Dies als Gefangener
Im Kerker Kerzenlicht und immer

Schneller erblindend. Zahlen. Und sie
Bewegt sich doch. Es wäre schön gewesen
Er hätte diesen Satz wirklich gesagt. Draußen
Am Firmament der gute Mond. Von

Klüften keine Spur.
Ganz weich ganz
Wie eine runde Sache.

Frucht in der Farbe der Luft

Aufschrein Magnifikat
reines Hinausschrein was unterm
Himmel abbrennt blitzender
Augenblick lauschender Augenblick
duftender Augenblick – die Hand auf
eine Blüte legen ein Blatt und die
Hand vibriert füllt den Körper mit
Wellen Gesängen sinnblinden Silben
Schwingungen Mischungen runde sich
überlagernde Linien auflösend das
harte Wort auspressend das harte Wort
wie eine Frucht Saft eines Augenblicks
schlürfen wie man einen fremden
Mund schlürft den Speichel Rohstoff
unsinniger Harmonie Energie der
Erde in sich hineinschlürft der
Erde verschrieben das Offenbare täglich
neu registrieren   und die Kämme knistern
in den magnetisierten Haaren funken
sprühender Jubel Zehen
spitzen die kaum noch den Boden
berühren lebendig und flimmernd
schrilles Vogelgeschrei blaue Fliegen
glitzern um einen Teller voll Kirschen
Pflanzen über Pflanzen Farben
Pracht erfüllt von Erwartung
zitternd berauscht vom Mädesüß träger
Lauf der Dinge (das Leben von einem)
Garten im Sommer (aus gesehen) Schlupf
winkel fast mich erstickend wenn ich nicht

Wort fasse mich ins Wort fasse fürchtend
mich nach und nach zu verwachsen in
Blätter in Blüten in einen Ast am Zweig
am Baum Grammatik fernab vom Menschen
fernab von Zeichen und Formeln fernab
von meinem Wort mit dem die
Geschichte mich ködert zwischen den Zeilen
fängt und sich einverleibt   Nicht-Wort im Auf
Prall mit Wort umringt von dem
was wuchert und schreit vor Leben vor
Wildnis in der sich das Wort versteckt
bebend vor Angst im falschen Moment
entdeckt zu werden ins Licht gezerrt
wo es schmückend verdorrt traurige
Frucht in der Farbe der Luft viel
weiter weg als alles Lebendige das sich
die Schnauze leckt wenn es das Wort
verschlungen hat wie die Katze
die Maus   grüne Hände grüne Köpfe
furchtlose Vegetation frageloses
fleischiges Grün über
sprudelnde Unmenschlichkeit Welt
mit den Zähnen zu essen die Rippen
eines Kinderkörpers in den Armen fühlen
innehalten sich die Stirne wischen
wie vormals ein Landmann   Ich
auf der Flucht in die Hand
hinterm Kopf fünf Fingernägel
fünfmal weißer Halbmond
im unteren Bereich.

So

Für K.

eine Weste aus all diesen Sommertagen   so
etwas Wärmendes für den Rücken   meinetwegen ruhig nach
alten Mustern und Meistern   in den paar Millionen Jahren
hat sich die Mode nicht sehr verändert   Stockt
der Saft schwarz im Holunder noch immer
hebt der Mond das Meer aus dem Schlaf
stottert die Amsel an ihrem Namen weithin so
viel offenes Geheimnis
Kugelfest bitte wie die Erdkugel so   bis es uns
allen gelingt   ein wenig zarter zu werden
hauchzart wie das neue Häutchen überm aufgeschürften Knie.

Hypothetisches Sonett

Wenn wir tiefer atmeten langsamer
gingen ruhiger führten unsere Augen
von einem zum anderen nur noch leise
sprächen und selten: ewig lebten wir

nicht aber ein bisschen ewiger doch
wie das Meer vielleicht oder sogar
wie Worte und Sätze vom Meer
oder dieser eine Nachmittag heute

an dem wir einander vergessen machen
was anderswo auch geschieht
dauerte sagen wir drei bis vier Wochen

die wiederum ein paar
doppelte dreifache Jahre oder
wenigstens: Jetzt.

So offen die Welt
2004

Fang

Mit Dichtung musst du was an
fangen können eine Reise
um die Welt einen Fisch
aus dem Meer – anfangen
wie eine Liebe mit vierzehn
fangen den Ton aus dem Jägerhorn

Mit Dichtung musst du was an
fangen wollen die Fahrkarte
musst du schon selber kaufen
oder die Angel den Engel
nicht leugnen wenn er dich ruft
trau dich ihm zu folgen

im Flug ohne Angst
vor dem Absturz oder
der anderen Welt
in die er dich führt
als wärest du dort
schon immer zu Hause gewesen

Schreiben I

Ich spreche die Sprache der Toten
Wörter beladen mit fernem Leben
ferne Lieb ferne Lust fernes Leid
und doch mir so nah und so eigen
wenn ich sie unter der Zunge erwärme:

Extrakt aus den Knospen wilder Rosen
ihr scharlachroter Geschmack
Rund und kühl wie
Kiesel im Bach hart
wie Kristall so zerbrechlich.

Schreiben II

Pack alles zusammen was du tragen kannst.
                                        Es ist wichtig
der sinkenden Sonne entgegenzugehen
                                        sich abzuwenden von allen
mit kalten Augen.
Ich geh jetzt. Ich weiß nicht warum. Ich weiß nicht wohin.
(Sag nie: Auf Wiedersehn) Nimm mit was du willst
Sind doch nur Kleinigkeiten, immer nur Kleinigkeiten.
Jetzt bist du aus dem Haus wo alles zu viel bedeutet.
(Schmeiß weg, was du glaubtest mit dir nehmen zu müssen)
Du wirst unrein vogelfrei je weiter du gehst du vergisst
dein Passwort du gehst tanzend sprichst ohne Bedeutung unter
aufgehendem Mond mit einer Stimme die du noch nie
                                                            oder lang nicht gehört h.
Weiß   Zeilen   Stein   Baum
Lampe und Mond fließen in einem Erinnern zusammen
Etwas riecht richtig etwas zuckt ruckt flattert
etwas fällt runter bleibt liegen
Da ist die nächste Haustür gleich da
Es ist wirklich wichtig in die sinkende Sonne zu wandern
Und nie zu erzählen   wo du gewesen bist
                                        was du getan hast.

Für Hilde Domin

So
gerne beginne ich ein Gedicht
mit einem
So
als wüsste ich wie
man die Welt hochwirft
So
dass der Wind dazwischenfährt
und die Scheiben putzt
So
dass der runde Mond durch
scheint in alle Ecken
des Gedichts und die Wörter aufdeckt
Motten und Fledermaus wachgeschreckt
schwirren jäh in sein Licht
So
dass die Glocken läuten
zwischen den Zeilen
und ich schwing das Seil.

Auswendig lernen

Auswendig lernen möchte ich dich
wie ein Gedicht.

Immer wieder lesen
Silbe für Silbe Wort für Wort und
zwischen den Zeilen
strophenlang jahrelang lebenslang
dich buchstabieren
mit dem Gaumen des Herzens.

Dein Haar
    wird weniger
    und meines weiß

Du siehst mich immer öfter an
wie eine Rarität

Du fasst nach meiner Hand
als wüsste ich den Ausweg

Liebeslied neueren Datums

Leg dein Genom auf mein Genom
Komm Liebster lass uns eilen
ACTG – GTCA
Leg an die alten Meilen

Die Stiefel, komm, und gib den Sporn
Den neurohormonellen
Den Schleifen, die das Molekül
In deinen Schaltkreis schnellen

Wo Zellkern sich mit
Zellkern paart im Maienkleide
Mein DNA dein DNA
Auf immergrüner Heide

Entschlüsseln wir uns Gen für Gen
Mit schöpferischem Triebe
Mit evolutionärer Kraft und
Großem L@iebe.

Dichterlesung

Eine Schulklasse kichernd in den hinteren Reihen
Lyrik Leistungsstufe eins: Bildlich gesprochen
Und nun suchen sie live zu erfragen:
Was will uns der Dichter damit sagen?

Da sitzt sie buchstäblich, ziemlich klein
und schon grau und die Schuhe!

Sonst sind wie immer mehr Frauen gekommen
Kinder ausm Haus und jetzt musenverliebt leib-
und seelenvergnügt, fühlen sich viel zu jung
für ihr Alter und gehen in erdnahen Schuhen wie ich.

Auch Herr E. Litère ist da. An seinem Mangel
an Muskulatur erkennbar, bebrillt und in höhere Bildung gebettet:
Hätten Sie den zweiten Hyndekasyllabus nach dem dritten
Hendiadyoin
nicht onomatopoeitisch transferierend transzendieren müssen?

Nah der Tür – damit sie's, wenn's sein muss, aufs Klo schafft –
das alte Paar: so ähnlich einander so innig verschmolzen
wie Wort und Ding im Gedicht.

Hufe scharren. Ich setze mich gerade: auch mein Pegasus
ist nur ein Pferd unter Engeln.
Mal hören, ob er heute abend fliegt.

In den Abend hinein
oder
Leserliches Vergnügen in fis Moll

Wer den ganzen Tag im offenen Buch
in den Abend segelt – wo
landet der an?
In Moskau? Paris? In Schmerzen? Im Glück?
und zum Glück in fremden Schmerzen
aus Buchstaben auf den Papieren Hekubas
Gibt es Schöneres als
so zu leiden   so   sich zu weiden
                        am Leiden
                  so
zu genießen wenn Tränen fließen
                  da
zwei Liebende sich für immer
trennen
auf Seite zweihundertzehn
und sie stirbt an gebrochenem Herzen
dabei ist er zwei Seiten weiter
schon auf dem Weg zurück
zu ihr   im offenen Boot Buch
– oh Bächlein liebes Bächlein –
in den Abend hinein

Ja Früher

Ein schöner Mund ein Schleier
der sich hebt an einen Baum gelehnt
dem Bächlein lauschen und überm
hohen hehren Wolkensaum ein Küsschen
mit dem Alten Wahren tauschen

Ja Früher als wir saßen lang und sprachen
auf kalte Nebelbänke niedersanken
und dann und wann ein weißer Elefant
und Königssöhne durch die Wolken brachen
den Becher Weines in der kühlen Hand

Das war ein Singen in dem ganzen Heere
so grün die Weide und so kurz die Frist
Die Fackel nimm und geh bis in die Nacht
am Vordachpfosten hängt das Sternenzelt
und hinter tausend Stäben keine Welt.

So offen die Welt

Wenn der Baum seine Blätter verliert
seh ich gern
seine wahre Form erscheinen

Deine und meine Augen so klar
(Skelette beginnen zu weinen
nach Fleisch und Drüsen nach Haut und Haar)
Wein so rot und Brot so weiß

aus dem Körper fährt der geknechtete Geist
formt sich Lippen und Küsse
aus purem Eis
Wörter so schwarz wie vordem so weiß
Weiß beim Öffnen und schwarz beim Schließen

Dass so offen die Welt wie
das Ende sei wie das Ende am
Ende ˘ ˘ – Kunst:
den Verlust zu genießen.

Kapitulation

Wenn mir der Sommer allmählich bis dicht
ans Papier wächst   rote Lupinen und Mohn
und Meisen im rostigen Flieder: außer Sicht
geraten mir dann Siege und Siegesbeweise. Schon

gehn die Patiencen auf. Alles ist schön
und beständig wie ewiges Leben. Keiner mehr
von Belang. Nichts kann mehr verloren gehen
wenn alles verloren gegeben. So sehr

gewaltig das Winken der blühenden Zweige
die Silhouetten der Amseln ihr Locken
holen mich ein in den großen Bogen ich neige
freudig mich dahin woher er kommt.

Einmal noch

Weißt du noch
fragen die Freunde von damals
damals: als wir zum ersten Mal
als wir zum letzten Mal

als wir noch
als wir schon
und so weit entfernt
vom Maul dieser Krake

der wir jetzt so tief
schon im Schlund stecken
Weißt du noch
damals damals

Als ließe die Bestie sich
mit schönen Tönen betören
uns noch einmal herauszuwürgen
bevor sie uns vollends hinabschlingt.

Mitten durch

Helle Abende noch   gnädige Zünd
Schnüre   schräge   mitten   durch Kronen von Laub
Licht verdickt sich in Sirup von Äpfeln und Birnen

Trächtige Schatten Blätter und Beeren süß und bunt
wie alte Heiligenbilder
Wir aber ohne Vertrauen glauben dem Unsichtbaren

Es ist der Wind der die Zeit bemisst
sein heuchelndes Fächeln
Oh Sanftmut der hohen Topinambur unterm

Wind der schon Winterkeit mitführt so
eine winzigfeine Winterkleinigkeit   Jetzt sing
von den Tränen der Dinge.

Schön
auf dem Bahnsteig in einen Apfel zu beißen
Durchreisende unter durchreisender Sonne.
Zurücktreten bitte.
Zeilen schließen selbsttätig.

That's life

Meistens kommst du dir vor
wie 'ne Fliege
mit einem Bein
im Leim.
Fünf Beine frei – aber
das eine!
Entweder
du opferst es
und hinkst voran
oder
bleibst kleben.
That's life seit Adam und Eva
vertrieben wurden aus dem Paradies.

Der Himmel der Tiere

Hier sind sie. Die weichen Augen offen.
Lebten sie in einem Wald
ist es der Wald.
Lebten sie in der Prärie
wogt das Gras unter ihren Füßen für immer

Für manche von ihnen
wäre das nicht der Platz
der er ist – ohne Blut.
Diese jagen wie immer
aber mit Klauen und Zähnen

jetzt perfekt: Tödlicher
als sie es je für möglich hielten
Stiller und stärker schleichen sie
in den Wipfel des Baumes
und ihr Absprung

auf die lockenden Rücken der Opfer
ein Strom äußerster Freude
dauert Jahre
Und die Gejagten
erfüllen sich selbst ohne Schmerzen

erfahren entrückte Vollendung.
Sie beben sie gehen
unter den Baum in der Mitte des Kreises
sie fallen sie werden zerrissen
sie stehen auf und sie gehen erneut

Alles haben

Angst wird bald alles haben
in Zügen Flugzeugen Straßencafés
bei Nacht und Tag und
den Stunden dazwischen Angst
wird bald alles haben die Jungen
die Alten die Heißen die Kalten
an meinem Finger der Ring
in der Stimme das Wort: Angst
wird bald alles haben Löwe und Laus
die Bösen die Guten Gesunde
und Kranke Sterben Gebären
Kinder und Katzen
dumm und schlau arm und reich
Begräbnis und Auferstehen: Die Angst
wird bald alles haben.
Sie sitzt auf der Bank im Park
in der Sonne im Schatten im Kochtopf
organisiert Konferenzen Kongresse
tritt in talk shows auf in den Bergen
im Wasser verwaltet die Akten stempelt
Leben zum Todeszellenpapier drückt auf die Tube
der Arbeitslosen wühlt sich in ihre Bezüge ein
nistet unter Tischen und Stühlen brütet
in Kniekehlen Büchern Gazetten die Angst
wird bald alles haben.
Sie geht nabelfrei narbenfrei geht
nie zu Ende die Angst
wird bald alles haben.
Spiegel Bilder und Spiegelbilder
die Leichen im Keller und die auf den
Feldern Schlachten und Märchen die

Angst wird bald alles haben
Fakten und Silberpfeifen
Farben und Töne die Höhle
in deinem Mund. Sie hat
meine Stimme und deine
die von nebenan sie hat alle
Stimmen in Stadt Land und Fluss
Nichtsnutze und Weise die Angst
wird bald alles haben. Manna
frisst sie und die Wärme der Wörter
das Licht aus den Kronen der Bäume
Unsere Küsse wird sie erzwingen
unsere kleinen Wege ums
Wasser unsere Geschichten und
die der anderen jeden Ball
den wir zu werfen versuchen
fängt sie in ihren Begräbnisarmen.
Die Angst wird bald alles haben. Auch
den Mut zur Angst vor
der Angst die Angst wird
bald alles haben die Angst
die Segel zu setzen
die Angst wird bald alles haben
auch
unsere Angst vor dem Wind
vor Angst
wird sie bald alles haben die
Angst   alles nur
keine Angst.

Hier
        zwischen den Stühlen
und den langen Korridoren des Nachmittagslichts
den langen langsamen Rosenschatten
vor einer weißen Wand
tastend nach einem Plan einem Ort

Was wäre wenn dieser Ort Hier
wo meine Hand zum ersten Mal
flach auf deinem Herzen lag
– Baumwolle und Fleisch dazwischen –
um es einzunehmen für immer
gar nicht existierte

Nur dieser verrückte Vogel
immerzu lachend
sitzt auf der Hecke vorm Haus
vor den Rosen den Schatten der Wand.

Alles, was du mir gegeben hast, Deutschland

Alles, was du mir gegeben hast, Deutschland
nördliche Meere, Wälder, Gebirge
Hügel und Seen, meinen Rhein
Alles, was du mir gegeben hast,
Gedichte, Musik, die Märchen aus uralten Zeiten
gehen mir nicht aus dem Sinn den Sinnen
sind mir eingeschliffen unter der Haut

Und was du mir aufgezwungen hast, Deutschland
diese Schande der Dutzend Jahre als du
Land der Liebe … die eigne Seele geleugnet
lässt mich gehen
mit einem Schritt wie keine andere

Ich verberge es nicht.
Aber ich gehe vorwärts.

Alles, was du mir gegeben hast, Deutschland
deinen Fleiß und deine Neigung fürs
Eingezäunte – du bist
nun mal ein spätes Mädchen –
Und doch: Jetzt
von soviel südlicher Anmut verjüngt.

All das, Deutschland, hab ich von dir
Woher nur die Angst vor dem Mut,
sich zu freuen, an dem,
was da ist – so ein
unschuldiger Entschluss
und das Pathos der Hoffnung
(als wüsste man nicht Trotz
dem, was fehlt)

Eroberer

Für die Dinge in seinem Kopf –
die narbigen Bäume vor seiner Hütte
im lange verlassenen Dorf
für die staubigen Büsche und ihr
verborgenes Leben für die seltsamen Muster
der Zementflecken überm Bett
für die Spur der Ameisen zwischen den Steinen
und den Wespenschwarm in den Tamarisken
für die rote einzige Heimatsonne –
behält er die Wörter in seinem Kopf.

Manchmal aber,
wenn der Sohn am Abend mtv abschaltet und mit
Jan Kevin Özimir und Friedrich in die Disco zieht
seine jüngere Schwester überm Urfaust brütet
und die Frau schon schläft
fährt er mit der Hand über all die schönen Dinge
all die guten Made in Germany-Dinge
und flüstert, die Hand auf dem Polstersessel:
koltuk, ocak, çamasır makinası
zieht die Schuhe aus ayakkabı sagt er
und çorap zu seinen Socken
rückt ein Foto zurecht und flüstert
die Namen der fernen Gesichter

Schaut hinaus
aus dem Fenster und sagt: eşek
şarap şişesi, kahve, kestane
Kastanie, sagt er, mein Auto, sagt er
mit einem kühnen Akzent.

Die türkischen Wörter in ihrer Reihenfolge: Polstersessel, Herd, Waschmaschine, Schuhe, Socken, Esel, Weinflasche, Mokka, Kastanie.

Wiɘderworte

2011

Die Gedichte im Band *Wiederworte* entstanden im Dialog mit Gedichten aus den ersten vier Bänden der achtziger Jahre. Im Originalband *Wiederworte* von 2011 ist das jeweils frühere Gedicht der Antwort vorangestellt. Dieses Prinzip wurde hier beibehalten. Um diesen Dialog leichter nachvollziehen zu können, findet sich unter jedem Gedicht der Hinweis auf das Entstehungsjahr. Bei der Zusammenstellung der Gedichte für den vorliegenden Band hat die Autorin sich entschieden, manche der Gedichte neu zu paaren.

Bildlich gesprochen

Wär ich ein Baum ich wüchse
dir in die hohle Hand
und wärst du das Meer ich baute
dir weiße Burgen aus Sand.

Wärst du eine Blume ich grübe
dich mit allen Wurzeln aus
wär ich ein Feuer ich legte
in sanfte Asche dein Haus.

Wär ich eine Nixe ich saugte
dich auf den Grund hinab
und wärst du ein Stern ich knallte
dich vom Himmel ab.

1981

Wörtlich genommen

Für John Donne

Ich herze dich
ich lunge dich
ich haute haare
pore dich

Du baust auf mich
du dachst mich spitz
palastest mich
oasest mich

Du meersternst mich
du landest mich
Ich berg dich
tal dich gipfel dich

Du freudest mich
Ich freude dich
Du sehnsuchst mich
Ich sternschnupp dich

Du brüstest hüftest
schenkelst mich
Ich zunge zaum
ich kehlkopf dich

Ich hauch brauch fauch
du füllhornst mich
Wir atmen amseln amen.

2011

Fast

Abend im März. Glückselige Musik
Von Amseln und alten Meistern.
Er rief an. Ich hätte ihm fast
die verbotenen Drei Wörter gesagt.

1988

Nicht nur

Abends nicht nur und nicht nur
im März sag ich dir sagst du mir
die glückseligen Vier Silben. Im Kirsch
lorbeer twittern die Amseln.

2011

Salomes Lied

Schlafe was willst du
mehr zu tun
hast du nicht
nach den Bogensonnenlampen
vergeht nun das Abendlicht.

Bleibe getrost wo
du bist nichts
lässt wie ich dich so los
halt still: ich werfe ihr
deinen Kopf in den Schoß.

1981

Evas Lied

Komm
          nimm den Apfel noch einmal
Adam im weißen Haar
Schmeckt er dir noch wie damals
weißt du noch wie es war:

So viel Mai im August im September
weit in den Oktober hinein
Jetzt stehen wir tief im Dezember
bald beginnt ein neues Jahr

für dich für mich für Unsbeide
Irgendwann
          für einen allein
Komm
          nimm den Apfel noch einmal
Und beiß rein!

2011

Verdächtig

Ich bin der Stille verdächtig:
Seit Wochen schweige ich meine
Wörter in die Knospe einer Rose

Gute Worte schöne Worte Liebesworte
auf ihre Echtheit geprüfte Worte
Kinderworte Vogelworte leicht und wahr
Mitworte Mutworte: sie muss
in der Wirklichkeit aufgehn
Marsch Mord Musik in der Luft

Ich bin eines fremden Geruchs verdächtig:
Die Rose beginnt aus meinen Wörtern zu atmen.

1985

Stille Musik

Niemand hört lieber Musik
                                        als die Stille
(Ihr Gedächtnis ist voller Musik)
Wenn du sie genauso liebst und gut zuhörst
(Schuberts Nocturno zum Beispiel)
kannst du sie
mitsummen hören und manchmal
richtet sie sich (nicht selten im Frack)
nach dem letzten Ton hoch auf
und übernimmt das Orchester
– Ah diese weiche weiße Fülle –
oder setzt sich ans Klavier
das ihr mit breiten Zähnen entgegenlächelt
und spielt
mit nach rechts geneigtem Kopf
deine geheimsten Gefühle.

2011

Für

diese alten Männer
mit den billigen Gebissen
die zischen und Speichel verlieren
wenn sie KZ sagen und Sachsenhausen
denen der Unterarm wegzuckt
wenn das Hemd die Nummer freilegt
die ein Stahlkorsett tragen
nachts schreien im Schlaf.

Für

diese alten Frauen
die vom Schminken nichts wissen
wollen und nichts von der wilden Ehe
die eben noch Kuchenrezepte erklärten
und jetzt erzählen von
Dunkelhaft Einzelhaft Schlägen Tritten Abort
die ihre Tage verloren
immer frieren
viel Wärme brauchen.

1983

Für

All die geschundenen Körper zerrissenen Seelen
Gesichter ohne NAMEN ohne Gesicht

Für
die schwatte Hamburger Deern
Mit zwölf große Ferien in Kenia
bei Verwandten auf dem Land
Ach all die schönen Versprechen
von einer Sekunde zur anderen
vom Schreckensmesser verwandelt
in Schrei und Schmerz den
klaffenden Mund das brüllende
Blutloch zwischen den Beinen
Im Blechnapf der Abfall
Kinderschamlippen Mädchenklitoris
Der Beschneiderin Hand mit Nadel
und feinem Faden die blutenden
Lippenränder entlang auf dass
›alles schön glatt‹ wird. Mit
derberem Garn noch viermal sticht
die nadelnde Hand von einer
Seite zur anderen durch
zerrt die Fetzen zusammen
leckt streicht verklebt die Blutnaht
mit Zucker und Honig. Alsdann
steigt die Verwandtschaft von den
gespreizten Beinen des Ferienkindes
herunter die Arme bleiben von harten
Händen genagelt hinter dem Kopf.

Alt ist das Seil aus dem Stall
das die Älteste nun von der Leiste
bis zu den Zehen um die Kinderbeine

zurrt und nicht wieder lockert
ehe Schorf die Wunde verschließt
Tropft der Harn liegt das Mädchen
in seiner brennenden Nässe
Beißendem Schmerz fächelt die
Großmutter Kühlung zu pustet
Altfrauenatem auf den verstümmelten Leib
summt singt ein Lied wie es ihr
schon die Mutter sang.
Mami wo bist du? Wimmert das Mädchen
nach der Mutter in Hamburg

Hört ihr das?
Sechstausend Mal am Tag
Zwei Millionen Mal im Jahr
seit dreitausend Jahren

Hört ihr das?
Gedämpft durch Zeitungspapier
verschwimmen die Verstümmelungen
im Nebel der Druckerschwärze:
Events weit weg

Und ich?
Noch ein paar triviale Heldentaten
Resolutionen Kongresse Appelle
Gutgemeinte Gedichte?
Hoffen mit Schrift erstickt
von Schreien
Tod und Leiden umzudichten
in unseren unzerstörbaren Traum.

2011

Wetterlage

In diesem Klima für Engel schießt
die Sehnsucht aufs Paradies
ins Kraut komm wir legen uns quer
beet da sprießt mir du gießt
ihn wonniglich links aus der
Schulter ein Flügel den deinen
saug ich dir rechter Hand aus der Haut
Halleluja wir halten
zusammen heben wir ab
flitzen wir durch den Sommer holder
Knabe im lockigen Haar komm
spiel mir was vor.

1985

Der Sommer singt

Der Sommer singt der Seele Wiegenlied
erklingt aus tausend Kehlen regengrüner Vögel
schwingt sich durchs Kieselgrau
ins goldene Omega ich glaub
ich höre ein paar Obertöne Paradies.

2011

Mein Vater

Wer ist das?
fragen meine Freunde
und deuten auf das Foto
des Mannes über meinem Schreibtisch
zwischen Salvador Allende
und Angela Davis.
Ich sage:
Mein Vater. Tot.
Dann fragt niemand weiter.

Wer ist das?
frage ich den Mann,
der nicht einmal
für das Passfoto lächelt,
der an mir vorbeischaut
wie beim Grüßen
an Menschen,
die er nicht mochte.

Bauernkind, eines von zwölf,
und mit elf von der Schule;
hatte ausgelernt,
mit geducktem Kopf nach
oben zu sehen.
Ist krumm geworden
als Arbeiter an der Maschine
und als Soldat
verführt gegen die Roten.

Nachher noch einmal:
geglaubt, nicht begriffen.
Aber weitergemacht.
Als Arbeiter an der Maschine
als Vater in der Familie
und sonntags in die Kirche
wegen der Frau
und der Leute im Dorf.

Den hab ich gehasst.

Abends, wenn er aus der Fabrik
nach Hause kam,
schrie ich ihm entgegen
Vokabeln, Latein, Englisch.
Am Tisch bei Professors,
als mir der Tee
aus zitternden Händen
auf die Knie tropfte,
hab ich Witze gestammelt
über Tatzen,
die nach Maschinenöl stinken.

Hab das Glauben verlernt mit Mühe.
Hab begreifen gelernt und begriffen:

Den will ich lieben
bis in den Tod
all derer,
die schuld sind
an seinem Leben
und meinem Hass.

Manchmal
da lag schon die Decke
auf seinen Knien
im Rollstuhl,
nahm er meine Hand,
hat sie abgemessen
mit Fingern und Blicken
und mich gefragt,
wie ich sie damit machen will,
die neue Welt.

Mit Dir,
hab ich gesagt
und meine Faust
geballt in der seinen.

Da machten wir die Zeit
zu der unseren,
als ich ein Sechstel
der Erde ihm
rot auf den Tisch hinzählte
und er es stückweis
und bedächtig
für bare Münze
und für sich nahm.

Wer ist das?
fragen meine Freunde
und ich sag:
Einer von uns.
Nur der Fotograf
hat vergessen,
dass er mich anschaut
und lacht. *1973*

Mein Gott

Ist was? frag ich
die Freunde wenn sie ihn
sehen über meinem Schreibtisch
(neben Schiller und John Donne)
den Mann den jeder
man kennt den
ernsten Mann am Kreuz
den noch keiner lächeln sah
Wie sie da gucken die Freunde
(ein bisschen verlegen) und
die Schultern zucken
(etwas mitleidig)
Ist was? frag ich
Dann fragt niemand weiter

Einzelkind (was den Vater angeht)
reichlich Halbgeschwister
Machte sich aber nicht viel
aus Familie (kleine Verhältnisse
Adoptivvater Zimmermann aufm Dorf)
Kehrte ihr bald den Rücken (säte nicht
erntete nicht und sein himmlischer Vater
ernährte ihn doch) schlug sich
als Wunderheiler durch
mit einem großen Herzen für
die kleinen Leute und einer forschen

Lippe gegen die da oben (Ihr sollt
Gott mehr gehorchen als den Menschen)
Aufsässig furchtlos eigensinnig
praktischer Arbeit abhold

Den hab ich geliebt

wenn ich die Mutter
mundtot machte mit Lukas:
nicht die hauswirtschaftende
Martha vielmehr Maria
zuhörend von Jesu gefesselt
habe ›das Bessere‹ erwählt

und mich mit göttlichem Segen
in meine Bücher vergrub

Hab das gottschlaue Lieben verlernt
bei den Weiden am Rhein
unter menschlichen
Lippen- und anderen Zärtlichkeiten
So viele Vaterunser der Reue und Buße
Vergebene Liebesmüh

Mein Kinderheld fuhr
in den Himmel auf
Ich blieb unten

Da bin ich noch

Manchmal aber
lese ich wieder
in seinen alten Briefen
(die von den vier Kurieren
überbrachten)
oder besuch ihn bei sich zu Haus
(Mit Brot und Wein
Musik und Kerzenschein)
Dann frag ich ihn
Wofür das alles? Dein Leben
Leiden Sterben

Für den
der fragt
sagt er und lächelt
befreit
von seinem Kreuz
nimmt mich
in seine Arme
flüstert mir ins Ohr:
Irgendwann
stell ich dich meinem Vater vor.
Lass dir Zeit. Ich kann warten.

Und meine Freunde?

Bring sie doch mal mit.
Auch Miriam, Fatima und Ali.
In meines Vaters Haus
sind viele Wohnungen.

Und mit fünf Broten und zwei Fischen
krieg ich alle satt.

2011

Schöne Lüge

Dieser Sommer ist eine Schwalbe
aus deinen Briefen.

Dieser Sommer spielt Mozart
vom Kassettenrecorder.

Dieser Sommer ist deine Stimme
am Telefon.

Diesen Sommer verlieg ich
unter Postkartenbäumen.

Diesen Sommer steck ich mir selbst
abends ins Haar eine
Rose.

1981

Fakten

Dieser Sommer ist eine Schwalbe
im Haus unter unserem Dach.

Dieser Sommer spielt Rosen
walzer direkt vom Beet.

Dieser Sommer küsst diese kühle Stadt
wie unsere Körper
so zärtlich matt.

Diesen Sommer steckst du mir sogar
schon am Mittag
Glühwürmchen ins Haar.

(Dieser Sommer kennt jeden Dreh
von zremSch auf zreH)

2011

Schlaflied

Nachts wenn ich traurig bin
niemand ist hier
Niemand ich frag dich
was willst du bei mir

Tät er dich schicken
wieder einmal
aus seiner Ruinen
Jammertal

Sag ihm ich warte
auf niemandes Glück
bring ihm von meinem
Jammer ein Stück

Bring ihm Feinsliebchen
der Königin Kind
niemand soll wissen
wo niemand mich find.

1981

Wachlied

Nachts wenn
                du deinen Arm
um mich legst
gleitet die Welt zurück
in ihre Fugen
alte Narben verziehen sich
zu einem Lächeln

Und dann
                hebt diese
verrückte wunderbare Welt
auch noch zu singen an
als hätte sie
das Zauberwort*
endlich getroffen.

2001

* (Die Ersten googeln schon
den Eichendorff)

Wort halten

Ich kam zu spät. Das warme Bett
war leer. Sperrangel
weit standen beide Fenster offen.

Händedrücken mit vielen Leuten.
Fremde. Für persönliche Dinge
war der Plastiksack da.

Den Gang entlang rollten rosige Arme
die Wagen mit Schonkost. Wir stiegen
zum Keller hinab. Das letzte Fach unten rechts.

In diesem weißen Tuch
das ihr der Sohn um Kopf und Kinn gebunden
sah sie fast wie auf ihrem Hochzeitsfoto aus.

Ich roch den Fliederstrauß
auf ihrer starren Brust.

1985

Karfreitag

Karfreitag nach dem Deutschen Requiem von Brahms
In langen Zeilen geht der Tag voran in langen Stunden
durch dürres Gras in das der Wind der Wunsch hineinfährt
tonlos hineinfährt in die gelben Glocken auf den hohen Stengeln
der Wind der Wunsch
nach einem Wiedersehn mit den geliebten Toten
und wenn nicht Wunsch so doch die
Sehnsucht diesen Wunsch zu wünschen
als könnte einer da sein der ihn hört
und zu erfüllen in Erwägung zieht.

2011

Meine Wörter

Meine Wörter hab ich
mir ausgezogen
bis sie dalagen
atmend und nackt
mir unter der Zunge.

Ich dreh sie um
spuck sie aus
saug sie ein
blas sie auf

spann sie an
von Kopf bis Fuß
spann sie auf

Mach sie groß
wie ein Raumschiff zum Mond
und klein wie ein Kind.
Überall suche ich die Zeile
die mir sagt
wo ich mich find.

1981

Von den Wörtern

I
Nicht die Verzweiflung bringt
                dich in den Abgrund es ist
die Hoffnung die dich immer
näher an seinen Rand führt bis
du dich frei
willig hineinstürzt.

II
Was führt dich
                zur Verzweiflung?
Ein Wort.
Was macht
                dir Hoffnung?
Ein Wort. Ein Wort
zu wenig. Ein Wort
zu viel. Und schon
übernimmt es
die Führung.

III
Was für ein Wort
                soll es sein?
Eines das den Riss näht
Eines das den Riss aufbricht
den zitternden Riss im Herzen
den Riss von den
wortlosen Schmerzen
O Wort das es
schützen könnte:

ein Wort mein Wort
das den Riss herausnehmen könnte
aus meinem Herzen.

IV
Ein Wort vergessen wie
                    man eine Liebe vergisst
Wissen was dir auf der Zunge lag
und nie wieder schmecken.

V
Die Mechanik des Herz
                    klopfens heißt
noch lange nicht dass
du fühlst was du sagst wenn
du sagst du fühlst.

VI
Wo? In dieser runden
                    Höhle meiner Hand
Liebeshöhle: da
wartet das streichelnde Wort
auf deine Haut.

VII
                    (Grammatik für K.)
Nimm ein Dingwort
                    ein Singwort
Ein Tuwort
                    ein Duwort

Ich schenk dir
ein Mirwort
Du gibst mir
ein Dirwort
Wir machen ein
Wir(r)wort daraus

VIII

Und wenn du sagst
Ich liebe dich
legt sich eine Stille
um die drei Wörter
dass es ein Leben braucht
einen Satz zu finden
der dazu passt.

IX

Alle Wörter prahlen
mit ihrem Sieg
über das Schweigen
Und das Schweigen?
Hat immer
das letzte Wort
oder
das nächste erste.

2011

Entspannt

Meine Schwester ist die mit den
schrundigen Fersen in klaffenden Schuhn
dem Wintermantel im Sommer nachts
auf der Bank im Park tagsüber
am Brunnen vor dem Tore vom Warenhaus.
Plastiktüten ein Koffer hängen in ihren Händen
mitunter tritt sie nach einem streunenden Hund.

Die entdeckt mich nicht
die erschreckt mich nicht

die sieht mich nicht
die kriegt mich nicht

Seht wie ich schaukeln kann
sanft in mir selbst hin und her.

1983

Spaziergang

Zieh die Schuh an lieber Vetter
wollen wir spazieren gehn
Straßen lesen Köpfe deuten
Zeit vergeuden einmal mehr

Augenblick mein lieber Vetter
wolln wir Pampelmusen kaufen
in der Menge bei den Waren
liegen sie gehäuft und gelb

Und dann gehn wir ein paar Schritte
weiter gradeaus Herr Vetter
zu den ruinierten Leuten
hinterm Park am Bahnhofsrand

Gebn wir ihnen Pampelmusen
fein mit Lächeln überpudert
kannst sie ihnen sogar schälen
und dann gehn wir wieder heim.

2011

Unterwegs

Dich sollte ich lieben
mein Land
sagst du auf der Reise
die verschlüsselten Städte
die Hügel die Gräber
mit sieben Siegeln
bergauf und
bergab mein Land.

Mein Land ich weiß es
›und sage mit Weinen: es gibt
eine Vergangenheit‹ wie
in Fluten ausbluten
die Berge die Täler weit
oh Höhn!
Am Autobahnkreuz hakt
Vergangenheit ein
kreuzen Leichenzüge die Reise.

Und so bitt ich um Augen
blicke aus deinen
auf dich
sollte ich lieben mein Land
anschaun vertraun
›wie die Natur sich dazu herrlich findet‹
wenn jahrtausendelang du
›Land der Liebe
blöde die eigne Seele leugnest‹.

1981

Liebe wagen

Heimatland sage ich
schüttle den Kitsch
aus den Buchstaben schüttle die
braune Verbrecherfarbe aus den
schuldlosen Silben und die Müdigkeit
immer aufs neue Geburtshelferin zu sein
für eine (beinah) unbefleckte Empfängnis
Liebe und Leben zugewandt.

Deutschland sage ich
spüre Blicke
die spotten (töten) wenn ich ein Liebes
licht anzünde in Ebenen und Gebirgen
Die Tonleiter der Begnadigung übe
herzensweh schrill zerreißend die
Totenlaken über der singenden Sonne
die jedes – auch dieses Lied – lehrt.

Heimatland liebes
Deutschland
drei Wörter die mir
auf der Zunge zittern
nach wirren Verwandlungen wieder
in der Muttersprache zu Haus
leidgebadet liebegetränkt.
Hölderlin feiernd und Alltag zugleich.
Liebe ohne Flaggen und ohne Parolen
aber mit Bergpredigt Kant der
poetischen Mathematik
von: $E = mc^2$

und der praktischen Prosa von Grundgesetz
Recht und Vergebung
Meiner einzigen Fahne verschworen:
dem gestirnten Himmel über mir
in unserem global village.

2011

Gertrud Kolmar

Auf meinen Knien das Häufchen
Fotokopien wird leichter

Langsamer lesen

Mit jedem Blatt lege ich Lebenszeit ab
von einer die schrieb im vorletzten Brief:
Ganz ohne Freude bin ich freilich nicht
Sie meinte ihre Erinnerungen
Weinte mit keinem Wort
Lebte vom Leben schon sehr weit entfernt
Legte an alles Geschehen längst
den Maßstab der Ewigkeit
Trat freiwillig unter ihr Schicksal
Hatte es schon ›im voraus bejaht, sich ihm
im voraus gestellt‹ schrieb sie

Langsamer lesen

Wir wissen nicht wo sie starb
Wir wissen nicht wann sie starb
Ihre Mörder sind bekannt

Im letzten Brief fiel ihr ›eben etwas
Ulkiges ein‹. Versprechen und Pläne. Herzliche Grüße

Langsamer lesen

Immer wieder von vorn.

1983

da mitgelebt damit gelebt? Ließ er sich fällen
von der Liebe Not? Hat er den Brand gekannt
den Hirnfraß wie von ungelöschtem Kalk? Lippen
aus denen Lächeln abgefeuert wird wie Projektile?
Mitten im Winter den Geruch von Sonne
auf nackter Haut und Heidelbeeren? Geschrei
aus einem Kinderwagen? Oder

ging er   ein schöner Mann   daran vorbei? Schlug
seinen Kragen hoch? Knallte die Tür?
Verkniff die Lippen? Galt ihm
das schwarze Wort mehr als der lichte Augenblick
Hat er am Ende nur für dieses Schwarz gelebt?
Hat er am Ende nur durch dieses Schwarz gelebt?
Nur schwarzes Wort gelebt? Hat ihn das Schwarz gelebt?

Hatte er Kinder? Eine Frau? Hund Vogel Katze?   Hatte
sein Haus ein Dach? Ein Ende?   Glücklich   so
wie im Bilderbuch so wenn der böse Wicht stirbt und wir
leben weiter   Man sagt man habe ihn gefunden
lächelnd   Lächelnd zuletzt   wie einer der zuletzt lacht
Eitelkeit Staub und Asche   auf einer leeren Seite.

2011

fünfte jahreszeit

2013

fünfte jahreszeit

es war doch alles
so schön wie es war und es
war doch alles wahr

verschneit von der zeit
auf den wegen von damals
nach ehemals

unter deinem fuß
der weg entsteht im gehen
harter pfad im gras

alle wege ins
selbe die letzte silbe
alpha bis omega

dieser augenblick
mogelt sich durch bis rein in
den nächstbesten vers

traum vom schreiben
ohne worte zu machen
wahrtraumdeuterey

Anhang

Die Autorin und ihr Werk

Ulla Hahn wuchs in Monheim am Rhein auf. Sie studierte Germanistik, Geschichte und Soziologie an den Universitäten Köln und Hamburg und schloss ihr Studium mit einer Promotion ab. Zunächst arbeitete Ulla Hahn als Lehrbeauftragte an den Universitäten Hamburg, Bremen und Oldenburg, anschließend von 1979 bis 1989 als Literaturredakteurin bei Radio Bremen. Sie lebt heute als freie Schriftstellerin in Hamburg. 1981 debütierte sie mit dem Gedichtband *Herz über Kopf* und veröffentlicht seither Lyrik, Prosa, Artikel und Essays; zudem gibt sie Gedichtanthologien heraus.

Die nachfolgende Übersicht versammelt Ulla Hahns literarische Veröffentlichungen sowie eine Auswahl ihrer publizistischen Arbeiten und Herausgebertätigkeiten.

Veröffentlichungen:

Lyrik

1981	*Herz über Kopf*. Stuttgart: DVA.
1983	*Spielende*. Stuttgart: DVA.
1985	*Freudenfeuer*. Stuttgart: DVA.
1988	*Unerhörte Nähe*. Stuttgart: DVA.
1993	*Liebesgedichte*. Stuttgart: DVA.
1993	*Klima für Engel*. München: dtv. (Gedichtauswahl, von der Autorin getroffen)
1995	*Epikurs Garten*. Stuttgart: DVA.

1996 *schloss umschlungen*. Ehrenpreis der Literarischen Gesellschaft zur 800-Jahr-Feier von Heidelberg. Hauzenberg: Edition Toni Pongratz.

1997 *Galileo und zwei Frauen*. Stuttgart: DVA.

2001 *Meine Sehnsucht hat wieder einen Namen. Die schönsten Liebesgedichte von Ulla Hahn*. Rheda-Wiedenbrück: RM Buch-und-Medien-Vertrieb. (Gedichtauswahl, von der Autorin getroffen)

2003 *Süßapfel rot*. Stuttgart: Reclam. (Gedichtauswahl, von der Autorin getroffen)

2004 *So offen die Welt*. München: DVA.

2011 *Wiederworte*. München: DVA.

2013 *Frucht in der Farbe der Luft. Lyrik aus der Offizin S. Meran*. (Gedichtauswahl, von der Autorin getroffen)

2013 *Gesammelte Gedichte*. München: DVA.

2018 *»… wie ist er so weit«*. Neue Texte zu Franz Schuberts Schauspielmusik *Rosamunde* D797. Auftragswerk des Philharmonischen Staatsorchesters unter der Leitung von Kent Nagano. Premiere 4. Februar 2018.

Prosa

Romane

1991 *Ein Mann im Haus*. Stuttgart: DVA.

2001 *Das verborgene Wort*. München: DVA.

2003 *Unscharfe Bilder*. München: DVA.

2009 *Aufbruch*. München: DVA.

2014 *Spiel der Zeit*. München: DVA.

2017 *Wir werden erwartet*. München: DVA.

Erzählungen

2006 *Liebesarten*. München: DVA.
2009 *Alsterlust*. Hamburg: Jud.
2018 *Liebesarten und andere Geschichten vom Leben*. München: Penguin.

Essayistisches (Auswahl):

2006 *Dichter in der Welt. Mein Schreiben und Lesen*. München: DVA.

Herausgeberschaften (Auswahl):

1980 *Aufsätze, Reportagen, Reden, Interviews von Stephan Hermlin*. München, Wien: Hanser.
1983 *Gertrud Kolmar. Gedichte*. Auswahl und Nachwort von Ulla Hahn. Frankfurt a.M.: Suhrkamp.
1995 *Stechäpfel: Gedichte von Frauen aus drei Jahrtausenden*. Stuttgart: Reclam.
1999 *Gedichte fürs Gedächtnis. Zum Inwendig-Lernen und Auswendig-Sagen*. Ausgewählt und kommentiert von Ulla Hahn. Mit einem Nachwort von Klaus von Dohnanyi. Stuttgart: DVA.
2003 *Stimmen im Kanon: deutsche Gedichte*. Auswahl und Nachwort von Ulla Hahn. Stuttgart: Reclam.
2008 *Stechäpfel: Gedichte von Frauen aus drei Jahrtausenden*. Erweiterte Neuausgabe. Stuttgart: Reclam.

2011 *John Donne. Liebesgedichte.* Stuttgart: Reclam.
2011 *Johann Wolfgang Goethe. Liebesgedichte I.* Stuttgart: Reclam.
2011 *Johann Wolfgang Goethe. Liebesgedichte II.* Stuttgart: Reclam.
2011 *Heinrich Heine. Liebesgedichte.* Stuttgart: Reclam.

Auszeichnungen (Auswahl):

1981 Leonce-und-Lena-Preis
1982 Villa-Massimo-Stipendium, Rom
1985 Friedrich-Hölderlin-Preis der Stadt Bad Homburg
1985 Literatur-Stipendium der Märkischen Kulturkonferenz
1986 Roswitha-Preis der Stadt Bad Gandersheim
1987/88 Stadtschreiberin Bergen-Enkheim
1994 Heidelberger Poetik-Dozentur
1994 Cicero-Rednerpreis
2002 Deutscher Bücherpreis
2006 Elisabeth-Langgässer-Literaturpreis
2006 Hertha-Koenig-Literaturpreis
2010 Ida-Dehmel-Literaturpreis der GEDOK
2011 Ehrendoktorwürde der Heidelberger Neuphilologischen Fakultät
2013 Ehrenmitgliedschaft der Else-Lasker-Schüler-Gesellschaft
2018 Hannelore-Greve-Literaturpreis
2019 Humboldt-Professur der Universität Ulm

Editorische Notiz

Die vorliegende Auswahl traf die Autorin. Alle Gedichte sind dem 2013 erschienenen Band *Gesammelte Gedichte* entnommen, in dem die Schreibweisen auf die neue deutsche Rechtschreibung vereinheitlicht wurden.

Das Vorwort »Für wen schreiben Sie?« erschien erstmals als Teil eines Nachworts in *Süßapfel rot* aus dem Jahr 2003. Es wurde von der Autorin aktualisiert.

Alphabetisches Verzeichnis der Gedichte

Über Jahre der Sehnsucht und Leidenschaft

Hilla Palm, Arbeiterkind vom Dorf, ist als Studentin in Köln angekommen. In den turbulenten 68ern sucht sie hier heimisch zu werden, erkundet die Welt der Sprache, genießt die Freiheit des Denkens, sehnt sich nach Orientierung im Leben und muss doch erkennen: Ich bin meine Vergangenheit. Erst als sie ihrer Liebe begegnet, findet sie die Kraft für einen neuen Blick auf alte Verletzungen.

Nach *Das verborgene Wort* und *Aufbruch* ist *Spiel der Zeit* der dritte Teil des autobiographischen Erfolgsepos.